金融機関担当者のための

やさしくわかる 民法〈債権法 相続法〉改正

木内清章
産業能率大学

はじめに

2019年1月より民法（相続法）の改正施行が始まり、またいよいよ2020年4月には民法（債権法）が改正施行されます。これまでの間、民法改正事項について解説した書籍は数多く出されてきましたが、いずれも英知を絞った貴重な業績であることは言うまでもないでしょう。

それらに対して、本書の価値を求めるとしたら、わかりやすさを追求したことにあります。

筆者が数多くの金融機関行職員と接する中で、また大学で学生に講義を行う中で、理解不十分なまま書籍が読み進められている状況を痛感してきました。しかしこれには、一面で書き手の側の工夫・歩み寄りも必要です。

そこで本書では、まずできる限り、口語体での表現を行っています。どんな状況を想定している話なのか、イメージを持つことで理解が容易になります。そして、各項目の後に○×問題を設定しています。これができれば要点は押さえている、とのチェック項目として使っていただくためです。

さらに、改正に伴って修正される契約書類の案文を示し、かつ取引先に対してどのように説明するか、トーク例を示してみました。特に、条文によらない対応を取る場面（要物契約化の維持・連帯保証人への請求の絶対効維持など）では、効果的な説明話法が欠かせないためです。

民法改正事項を運用する数多くの行職員は、営業店で取引先に応対しています。忙しい日常の中で、改正事項のエッセンスを把握し、かつ適切な説明が行えるための一助として本書が役立てれば、筆者にとって何よりの喜びです。

2019年9月　木内清章

目次

はじめに ……………………………………………………… 001

第一章 民法改正の概要と 金融業務との関わりを知ろう ……… 005

1. 民法の構成ってどうなっているの？
   その中で今回の改正点は？ ……………………………… 006
2. 今回の改正が金融業務にどのような影響を与えるの？ …… 008

第二章 知識編（1） 債権関係の改正ポイントを押さえよう ……… 011

①連帯債務 ……………………………………………………… 012

②連帯保証 ……………………………………………………… 018

③債権譲渡 ……………………………………………………… 028

④債務引受 ……………………………………………………… 035

⑤弁済 …………………………………………………………… 040

⑥相殺 …………………………………………………………… 045

⑦法定利率 ……………………………………………………… 051

⑧履行期と履行遅滞、受領遅滞 ……………………………… 054

⑨債権者代位権 ………………………………………………… 059

⑩詐害行為取消権 ……………………………………… 064

⑪時効 ……………………………………………………… 072

⑫定型約款 ………………………………………………… 080

第三章 知識編（2）
相続関係の改正ポイントを押さえよう ……… 089

①自筆証書遺言 …………………………………………… 090

②仮払い制度 ……………………………………………… 095

③遺留分制度の見直し …………………………………… 100

④配偶者居住権 …………………………………………… 104

第四章 実務編
債権関係の対応方法を押さえよう ……… 109

1. 基本的な改正対応を押さえておこう ……………… 110

2. 論点とされる改正対応を押さえておこう ………… 112

3. 実務のチェックポイントと説明時の話法例 ……… 117

4. 〈サンプルで見る〉各種書類の変更点 …………… 128

第一章

民法改正の概要と
金融業務との
関わりを知ろう

ここでは、民法の構成や改正の経緯、金融業務への影響など、以降の「知識編」「実務編」を読むうえで押さえておきたい民法改正の概要を整理します。

1. 民法の構成ってどうなっているの？
その中で今回の改正点は？

改正事項の大半は「第3編（債権）」に集中

民法は、おおまかにいって、次の5つの編に分かれています（カッコ内には、金融実務に関連の深いことを例示してみます）。

第1編：総則（未成年者や被後見人などに関すること、代理や時効に関すること）

第2編：物権（抵当権や根抵当権などに関すること、所有権移転など）

第3編：債権（保証人・連帯債務者などに関すること、契約や消費貸借つまり融資など）

第4編：親族（婚姻・離婚・養子・親権など）

第5編：相続（相続分・遺言・遺留分など）

今回改正の大半は、第3編の債権に該当します。また、第1編の中の「時効」も改正ポイントとして重要です。

民法の条文数はとても多く、この第1編から第5編の各条文は次のとおりです。

第1編　総則（1条〜174条の2）

第2編　物権（175条〜398条の22）

第3編　債権（399条〜724条の2）

第4編　親族（725条〜881条）

第5編　相続（882条〜1044条）

そして、今回の改正の中心である、第3編（債権）は、次の各章に
分かれています。

第1章　総則（399条～520条の2）
第2章　契約（521条～696条）
第3章　事務管理（697条～702条）
第4章　不当利得（703条～708条）
第5章　不法行為（709条～724条の2）

債権法に先立ち、相続法が施行

第3編（債権）の改正は、遡ること10年近く前から議論が進められ
てきました。莫大な数の金融取引を規律する改正となることなどから、
相当な時間をかけて議論されてきたのです。国会審議を経て成立した
のは2017年5月であり、満を持して2020年4月の改正施行日を迎え
ることとなります。

ところがその過程で、第5編（相続）の改正が入ってきました。空
き家問題に例を見るように、不動産等の円滑な相続手続きが滞ってい
る現状に対しても問題意識の高い改正事項となっています。こちらの
成立は2018年でしたが、債権法の施行を追い越して、下記のように4
段階で施行が進みます。

2019年1月施行……自筆証書遺言の方式緩和
2019年7月施行……預貯金の仮払い制度、遺留分制度見直し
2020年4月施行……配偶者居住権
2020年7月施行……遺言の保管制度

2. 今回の改正が金融業務に どのような影響を与えるの?

カードローン規定の定型約款化など、融資業務に影響

　本書では、民法の第3編（債権）および第5編（相続）の改正事項の中でも、金融業務に関連が深い事項について取り上げています。特に第3編（債権）については、融資業務に与える影響が大きくなります。具体的には、次の各点などです。

> ・カードローン等の規定の定型約款化
> ・保証人への情報提供義務、保証意思確認のための公正証書作成義務に対応して、保証約定書や金銭消費貸借契約書への条項追加
> ・貸付契約の諾成契約化に対応して、金銭消費貸借契約書への条項追加

　いわゆる貸付契約は金銭消費貸借契約ですが、これは第3編（債権）の中でも第2章（契約）の第5節（消費貸借）に位置付けられます。その他の大半の金融業務への改正ポイントが、第1章（総則）の中にあることと対比されます。そこで、この点だけは、本書の「知識編」「実務編」に先立って要点を整理しておきます。

改正により「要物契約」から「諾成契約」へ

　改正前の条文（587条）によれば、金銭消費貸借契約は、要は「金銭を受け取ることによって、効力が生じる」という要物契約とされていました。すなわち、取引先の口座に資金が交付されることによって、

契約が効力を生じるわけです。つまり言い換えれば、

5／1……契約締結

5／20……資金交付

だとすれば、その間に取引先に良からぬ噂が出たりしたときには、銀行として「契約の拘束力が未だ生じていない」ことを理由に、融資の実行を中止する途もあったといえます。

　しかし今般の改正によって、金銭の消費貸借については、諾成契約化しました。すなわち、5／1に契約締結した時点から契約の効力は発生し、取引先も銀行もその契約義務に拘束されることになったのです。したがって、前述のような事態（信用状態の悪化ともいえないような、噂ベースの情報など）が生じても、おいそれと融資実行の中止などはできなくなるわけです。

▌契約書に記すことで「要物契約」を維持

　それでも、多くの金融機関はこの点のフリーハンドを確保しておきたい、すなわち要物契約の維持を求めたい、と考えます。幸い、契約自由の原則が通用しますから、取引先と銀行の双方が合意すれば、引き続き要物契約として貸付を扱うことが可能です。

　このため、民法改正以降の金銭消費貸借契約には、「本契約は要物契約とする」趣旨の条項を入れる実務対応が相当多数にのぼることが想定されます。その条項例などは、本書の「実務編」で改めて解説しますので、ここでは背景・趣旨を押さえておいてください。

第二章

知識編（1）

——債権関係の改正ポイントを
押さえよう

ここでは、「債権関係」の改正項目の中でも金融実務に影響のある項目をピックアップし、そもそもどういう規定なのか、改正により規定がどう変わるのか、それに伴い金融実務のどんな点に影響を及ぼすのかについて、かみ砕いて解説します。

① 連帯債務

"連帯"なんだから、みんな一律に適用されるんでしょ!?

Point

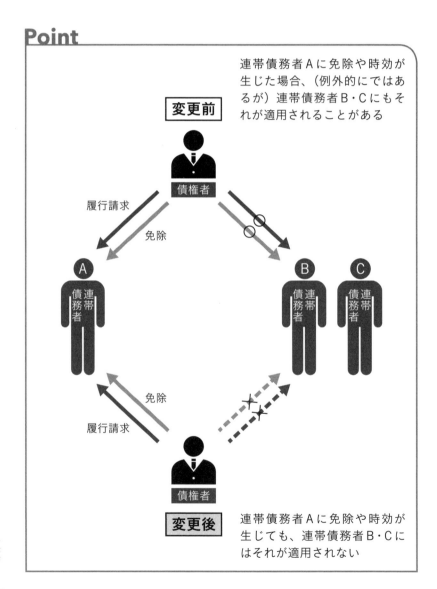

そもそも連帯債務って何？　不可分債務との違いは？

　連帯債務は、民法改正の中でも重要ポイントの一つですが、最初に同じような言葉である不可分債務との違いを考えてみましょう。

　まずは不可分債務についてです。例えば、ＡとＢが共有しているクルマをＣが買ったとします。Ｃへの引渡し債務を、ＡとＢは負うわけですが、物事の性質上、この義務というか債務を２つに割ることはできません（だって、クルマを半分ずつ渡すことはできませんよね）。つまり、ＡとＢは不可分債務を負っているということになります。

　一方の連帯債務は、主に借入金の弁済などが該当します。例えば、Ｘ銀行から100万円を借りて、ＡとＢが連帯債務だとすると、２人とも独立して100万円の債務を背負っていることになります。言い換えれば、「僕は半分の50万円を弁済したから、あとは知らない」とは言えないわけです（「あとは知らない」と言えるのは、各人が50万円ずつの"分割債務"となるときです）。よって、Ｘ銀行としては、ＡとＢのどちらに対しても、100万円を請求していくことができます。ただし当然のことながら、２人から合わせて200万円弁済させてよいわけではありませんから、その点は誤解しないでください。

434条・437条・439条の３つが削除

　連帯債務の条文は、現行では433条〜445条ですが、今回の改正でこの構成がいろいろと変わりました。まず大枠としては、「多数当事者の債権・債務」として括られ、その中で次のように区分けできます。

　分割債権・分割債務……427条（Ａ50万円＋Ｂ50万円の債務負担のこと）

　不可分債権・不可分債務……428条〜431条（ＡとＢの共有するクルマ

のこと）

連帯債権……432条〜435条の2

連帯債務……436条〜445条（ＡとＢが各々100万円の債務を背負うこと）

現行と改正後の連帯債務の条文構成を比較すると、図表１のようになります。最大のポイントは、434条・437条・439条の３つが削除されたことです。この変更の意味を一言でいえば「Ａに生じた事由を、ＢやＣにもそのまま適用はしないよ」ということです。以下で詳しく見ていきましょう。

「免除」や「時効の完成」の削除は銀行に有利な改正

連帯債務のポイントは、「絶対効」と「相対効」です。絶対効とは、「Ａに対して生じた事由は、お仲間のＢやＣにも等しく適用しますよ」ということです。一方、相対効というのは、「Ｂ・Ｃには適用しませんよ」ということです。

連帯債務の条項は、現行法から、基本的には相対効の原則をとっており、例外的に絶対効を認めるというスタンスですが、その姿勢が改正法によって強まりました。その結果が、現行法の一部削除につながっているわけです。

現行法434条（履行請求）が削除されたということは、「Ａに請求したからといっても、ＢやＣに請求したことにはなりませんよ。だから、ＢやＣの消滅時効は中断＊しませんよ」というわけです。

＊「時効の中断」は、改正により「時効の更新」と言葉が変わります。この点は改めて触れます。

また、現行法437条（免除）と439条（時効の完成）の削除は、Ｘ銀行にとって有利な話です。つまり、「Ａを免除したからといって、あるいはＡの消滅時効が完成したからといって、Ｂ・Ｃの負担は変わ

りませんよ」というわけです。

その代わりといっては何ですが、Ｂ・Ｃは１人抜けたＡに対して求償できる規定が新設されました。それが、改正後の445条です。

例えば、600万円の連帯債務であれば、現行法においては、Ａが免除・時効完成で抜ければ、Ｂ・Ｃも１／３にあたる200万円分（＝Ａの負担部分）、債務が軽減されていました。

改正によって、Ｂ・Ｃは甲銀行からそういった扱いをしてもらえなくなった代わりに、Ａに対して求償できるようにしたわけです。

図表1　連帯債務に関する条文の変更　　　　　　　　※○印の条文を削除

現行の条文	改正後の条文
433条　一人についての無効	436条　請求の原則
○434条　一人に対する履行請求	437条　一人についての無効
435条　一人に対する更改	438条　一人に対する更改
436条　一人に対する相殺	439条　一人に対する相殺
○437条　一人に対する免除	440条　一人に対する混同
438条　一人に対する混同	441条　相対的効力の原則
○439条　一人に対する時効完成	442条　債務者間の求償
440条　相対的効力の原則	443条　通知を怠ったときの制限
441条　破産手続の開始	444条　資力のない者の負担分担
⇒破産法と重複	445条　免除された者への求償
442条　債務者間の求償	
443条　通知を怠ったときの制限	
444条　資力のない者の負担分担	
445条　免除に伴う債権者負担	
⇒不合理	

業務への影響　連帯債務は、①会社分割によって分割会社と分割承継会社の両方が債務を引き受けることになった場合、あるいは②夫婦の両名が（所得合算で）住宅ローンを借りる場合、などが想定されます。改正点の中でも、履行請求の絶対効、つまり夫に請求しても妻に請求したことにはならず、結果、妻の消滅時効は進行し続けてしまうことに、留意が必要です。

チェックテスト

以下の①〜⑩について、正しいものは〇、間違っているものは×で答えてください。

Q① X銀行から100万円を借り入れたA・B2名が「分割債務」である場合、Aとしては50万円弁済すれば、その残りの責務は免れることができる。

Q② X銀行から100万円を借り入れたA・B2名が「連帯債務」である場合、Aとしては50万円弁済すれば、その残りの責務は免れることができる。

Q③ X銀行は、連帯債務者のA・B各人に対して、100万円を請求することができる。

Q④ 連帯債務者の誰か1人に請求すれば、他の連帯債務者にも請求したことになる。

Q⑤ 連帯債務者Aについて生じた効果が、自動的に連帯債務者B・Cへも及ぶことを「相対効」という。

Q⑥ 計600万円の借入れについて、連帯債務者Aのために時効が完成すれば、連帯債務者B・Cも200万円（＝つまり、Aの割合相当）については弁済義務が縮減される。

Q⑦ 上記⑥において、B・CはAに対して求償することができる。

Q⑧ 連帯債務者Aが債務を免除された場合、連帯債務者B・Cは、Aの負担割合相当（＝200万円）について弁済義務が縮減される。

> **Q⑨** 連帯債務者Ａが銀行に対して100万円の預金を有している
> が、これを相殺しようとしない場合、連帯債務者Ｂ・ＣはＡ
> に代わって相殺権を援用することができる。

> **Q⑩** 上記⑨の場合、Ｂ・ＣはＡの負担割合（＝200万円相当）に
> ついては、履行を拒むことができる。

チェックテストの答え

A① ○

A② × これがつまり、「連帯」の意味です。

A③ ○ もちろん、計200万円を弁済させるわけではありません。

A④ × この点が改正によって修正されました。つまり、Ａに対して請求しても、自動的にＢ・Ｃへ請求したことにはならない扱いとなりました。

A⑤ × 「絶対効」といいます。「絶対的に全員に及ぶ」の意味です。

A⑥ × この点も改正によって修正されました。Ａが消滅時効で「いち抜けた」となったら、Ｂ・Ｃで600万円を負っていくことになるのです。

A⑦ ○ 時効の扱いが相対効になってしまったことの代わりとして、改正後の445条で新たにセットされた条項です。これによってＢ・Ｃは、いくらかでも救われるでしょう。

A⑧ × 同じく相対効の原則により、Ｂ・Ｃの負担は変わりません。結局、請求・時効完成・免除の各々は、今般の改正によって絶対効➡相対効へ修正されたことになります。

A⑨ × 援用はできません。なお、Ａが相殺を行えば、Ｂ・Ｃにも絶対効が生じます。「債務の無効・相殺、更改・混同は絶対効」と理解してください。

A⑩ ○ いわば、援用できないことの代替措置です。改正前は援用もできたのですが、改正によって拒めるだけとなりました。

② 連帯保証

私はただの保証人。
まずは債務者に督促してよ！

Point

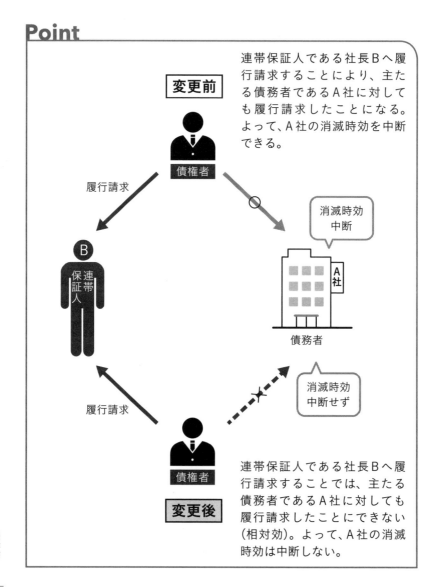

連帯債務と連帯保証、普通の保証と連帯保証、どう違う？

　前項①では連帯"債務"を取り上げましたが、今度は連帯"保証"です。そもそも、この２つはどう違うのでしょうか？

「債務」とは、自ら借金を背負っている状態ですね。これに対して「保証」とは、債務者は別にいて、自分はその人がお金を返せなくなったときに代わって弁済の責任を負う役回りです。

　そして保証には、普通の保証と連帯保証の２種類があり、連帯保証のほうは責任がかなり重いです。というよりも、債務者と半ば一心同体に近い責任を負わされる条文もあります。例えば454条では、「『まず、私じゃなくて債務者に督促してくれ（催告の抗弁）』などとは言えませんよ」とされているのです。これら保証に係る現行条文は、446〜465条と465条の２〜５となっていますが、今回の改正で458条の２と３が加えられました。加えられた条文の内容は「銀行は保証人に対して、必要な情報提供をしましょうね」というものです。

　また、465条の２〜５は、これまで貸金等根保証契約というものを定めていましたが、これを465条の２〜10までに構成し直しています。ちなみに根保証契約とは、一言でいうと、「１億円という枠の範囲内なら、発生する借金について保証しますよ」というものです。普通の保証は、何か特定の取引について保証をするものですから、根保証契約のように「１億円までは責任を取ります！」と大見栄を切るのは大変な覚悟のいることです。

連帯保証の効果も、絶対効から相対効へ変更

　保証に係る条文を大づかみにすると、「債務者に対してとったアク

ションは、おのずと保証人に対してもその効果が発生するもの（絶対
効）」と、「債務者に対して行ったからといって、保証人にも等しく及
ぶものではないもの（相対効）」の2つに分けて整理することができ
ます。次の例を見てください。

	❶借入と預金を一部相殺	❷履行の請求
借金商事㈱	借入が1,000万円から600万円に減額	「返済しろ」と迫られて、消滅時効も更新
連帯保証人のA社長	保証すべき負担も減額される	保証人としても、言われたことに等しい

　これらは当然と言えば当然ですね。A社長としては、会社の負担が
減れば自らの負担も減るわけですし、逆に会社が返済を迫られている
のに「私は関係ない」とは言えないはずです。これらは、457条（主
たる債務者について生じた事由の効力）に記載されています。
　次は、逆から見てください。

	❶免除	❷履行の請求
借金商事㈱	会社まで免除にはならない	会社も同時に請求されたわけではない
連帯保証人のA社長	保証債務を免除してもらった	保証人として支払え、と請求された

　これが今回のポイントです。458条（連帯保証人に生じた事由の効
力）は連帯債務の規定を準用していますが、おおもとの連帯債務のほ
うで、免除や履行請求の効果は絶対効から相対効に変更されました。
　そのことを受けて、連帯保証の効果も相対効に変わったのです。つ

まり、「社長に請求するだけじゃ、会社に対して請求したことにはならないよ」とされるのです。

では、実務上はどのような対応になるのでしょうか？　具体的には、次の２つあたりになると思います。

①主債務者との契約条項に、「連帯保証人に生じた事由は、主債務者にも効力が生じる」旨を新設する。

②連帯保証契約の条項に、「他の連帯保証人に生じた事由は、当該連帯保証人にも効力が生じる」旨を新設する。

つまり、法律の定めだけでは相対効になってしまうものを、銀行と取引先の個別契約において、一種の"上乗せルール"を新設して、これまでどおり相対効で話が通るようにするということです。

「えっ？　法律の条文どおりにしなくていいの？」と思うかもしれませんが、大丈夫です。これに限った話ではなく、契約自由の原則がありますから。もちろん、法律条文の中には強行規定といって、それと違う内容にすることが認められない性質のものもありますが、少なくとも、前記の件はそれにあたりませんから、こうした手当てが必要になってくると思われます。

▍保証人に対する情報提供を義務づけ

続いて、新設された条項である、458条の２と458条の３をチェックしましょう。ちなみにこの２つとも、連帯保証人に限った話ではなく、普通の保証人にも通じます（それなら本当は、459条、460条……としたいところですが、もう番号が詰まっているので仕方なく、「458条の２、458条の３」としたのでしょうか）。

どちらも私たち金融機関（債権者）が保証人に対して負う、ある種の

報告義務といえます。458条の2は、わかりやすく言えば「債務者が
延滞などしていない普通の状態のときに、聞かれたら答える」ものです。
よって、主たる債務の履行状況に関する情報提供義務とされています。

図表1 保証人への報告義務（聞かれたら答えるもの）：458条の2

	委託を受けた保証人	委託を受けない保証人
個人である保証人	○	×
法人である保証人	○	×

　聞かれて答える必要のある相手は、委託を受けた保証人だけです。
債務者の借入れ元本が今いくらになっている等々、委託がない＝債務
者と信頼関係がないかもしれない相手にみだりに報告する必要はない
だろう、という考え方です。

　一方、458条の3は、「いよいよ債務不履行に陥ってしまったとき、
聞かれなくても」こちらからお知らせする義務です。債務者が期限の
利益を喪失した場合の情報提供義務です。2ヵ月以内に通知しなさい
と定められています。

図表2 保証人への報告義務（債務不履行時に伝えるもの）：458条の3

	委託を受けた保証人	委託を受けない保証人
個人である保証人	○	○
法人である保証人	×	×

　先ほどの表と少し違いますね。情報収集能力に格差のある個人につ
いての保護を厚くしたのでしょうか。もし、この義務を怠った場合は、
債権者は延滞から通知に至るまでの間の遅延損害金については、請求

できないこととされています。

　では、具体的なやり方としては、どのようになるでしょうか？　まず、458条の2の履行状況のほうですが、「口頭でもよいのか？」という問題があります。法的には特に通知方法まで特定しているものではありませんから、そういう場合は書面のみならず、口頭でもメールでも問題ないことになります。

　ただし、一応これは金融機関側の義務ですから、「聞いた、聞いてない」でもめたりすると、こちら側に不履行責任がかかってきてしまいます。それを避けるためには、口頭だとしても、その旨の記録を残しておく必要があるでしょう。

　一方、458条の3の期限の利益喪失のほうは、2ヵ月以内に通知することになっています。ここで問題が生じるとすれば、債務者＝法人、保証人＝オーナー社長のケースで、どこかに雲隠れしてしまったような場合です。保証人が開き直って「オレは通知を受けていない、だから保証履行の義務はない」などとされると困ります。

　対応としては、定型約款などに「届け出住所が変更となった場合は、すみやかに銀行に通知すること。これに違反した場合、銀行側は提供義務が免責される」といった趣旨の文言を織り込んでおくのです。そうすれば、通知をこれまでの届け出住所に送達しさえすれば、物理的に保証人がそれを見ることがなくても、みなし送達として扱われます。

＊保証人に対する情報提供は、このほかに「主債務者から保証人に対する」ものがあります。これについては、実務編で詳しく取り上げます。

▌リスキーな根保証の元本は、5年以内に確定させる

　前述のとおり、465条の2〜10は保証人による根保証契約について

定めています。基本的な発想として、根保証というスタイルは、保証人にとって自分が保証すべき対象債務がお任せになる点で、とてもリスキーなものなのです。なぜなら、「１億円の範囲で、どんな債務でも保証いたします」と大見栄を切るのですから。そのため、契約から一定の年数が経つと、「そろそろ保証の中身を確定しましょう」という話になります。それが465条の３（元本確定期日）であり、「契約スタートから５年以内の期日を定めましょう、何も定めがなければ３年経過日に確定させますよ」というルールになります。この点は、改正前後で変更はありません。

　この元本確定は、465条の４に具体的な事由が定められています。例えば、主たる債務者が破産したときとか、強制執行前提で差押えを受けたときなどです。まあ当然ですよね。

▌取引先の社長を保証人にするには、公正証書が必要！？

　今回の改正で新設された規定の中でチェックしておきたいのが、465条の６〜９の公正証書化に関する条項です。概略としては、主たる債務が事業資金の借入れ等であり、保証人が個人の場合には、保証意思確認のための公正証書を作成しましょう、というものです。

　そうなると、「取引先の社長を保証人に徴するときは、公正証書を作らないといけなくなるのでしょうか？」という話になりますが、465条の９（適用除外）がありまして、債務者が法人であってその保証人が①取締役、②過半数を持つ株主、のときは対象外とするとされています。債務者が個人（例えば個人事業主）であっても、「事業に従事している配偶者が保証人になるときは不要」となります。また、「保証人が法人のときも不要」です。つまり、保証協会付きの融資の

ときも必要ないわけです。

　そうなると実際のところ、ほとんどのケースでは、これまで同様に普通の保証委託契約証書だけで済んでしまうと思われます。適用場面としては、債務者が個人で、その事業とは関係ない親戚や息子が保証人になるケースなどが想定されるくらいでしょう。

　しかし、ローンの資金使途は意外に広いのです。（営利性のあるなしに関わらず）反復継続的な事業に供される資金であれば、これに該当します。例えば、賃貸アパート建築資金などであれば、アパート経営に継続性があります。このアパート経営については、必ずしも配偶者が事業に従事しているとはいえないでしょう。よって、賃貸アパート建築資金の融資について、配偶者あるいは長男を保証人に徴するときなどは、公正証書化しておく必要が出てくると考えられます。

＊本項目については、実務編に契約書案文を含めて取り上げていますので、参照してください。

> **業務への影響**
>
> 連帯債務と同じく、連帯保証人に対する履行請求によっては、債務者の消滅時効を中断（更新）させることができなくなりました。このため実務上は、金銭消費貸借契約に「本契約は絶対効とする＝請求の効果が及ぶ」との条項を入れる対応が考えられます（実務編を参照）。また、債務者となる法人の取締役や大株主ではない者、個人事業主と共同経営の立場にない者などを個人保証人に徴する場合には、保証意思確認としての公正証書を作成することが改正法によって義務付けられた点も、実務に影響が大きいでしょう。

チェックテスト

以下の①〜⑩について、正しいものは〇、間違っているものは×で答えてください。

Q① 債務者が銀行から履行請求を受けて時効が中断した場合、保証人は直接請求を受けていない場合でも、同じく時効が中断となる。

Q② 保証人が銀行から履行請求をされた場合、債務者本人も履行請求をされたことになる。

Q③ 保証人が銀行から債務免除を受けた場合、債務者本人も免除されたことになる。

Q④ 主たる債務の履行状況についての報告義務は、委託を受けて保証人になった者、委託なく保証人になった者、区別なく報告義務対象となる。

Q⑤ 債務者が期限の利益を喪失したことについての報告義務は、委託なく保証人になった者に対しても、報告義務対象となる。

Q⑥ 債務者が期限の利益を喪失したことについての報告義務は、個人である保証人、法人である保証人、区別なく報告義務対象となる。

Q⑦ 根保証の枠の中身を確定させる＝元本確定の期日は、契約日から５年以内を定めることとされ、もし定めがなければ５年経過日に確定する。

Q⑧ 債務者が法人の場合、過半数株主が保証人となる場合には公正証書化する必要はないが、取締役が保証人となる場合には公正証書化が必須である。

Q⑨ 債務者が個人事業主の場合、事業に従事している妻、従事していない親戚、どちらを保証人にする場合でも公正証書化は必須である。

Q⑩ アパート経営を営むＡさんの息子Ｃは、事業従事者とみなされるため、公正証書化する必要はない。

チェックテストの答え

A① ○ この点は、絶対効＝保証人にもその効果が発生する、となります。

A② × 今回の改正ポイントです。他の連帯債務者に生じた事由が相対効となったことに伴い、連帯保証人に生じた事由も相対効とされます。

A③ × 上記②と同じロジックです。担保解除しても、債務自体を免除としないこととも同様です。

A④ × 通常時のことですから、委託を受けて保証人になった者に対してのみ、報告義務があります。

A⑤ ○ 上記④との対比でとらえてください。

A⑥ × 法人である保証人へは義務化しません。法人は情報収集能力が高いから、と考えられます。

A⑦ × 定めがないと３年経過日に確定します。少しでも早くしてあげることが、保証供与者のためだからです。

A⑧ × 過半数株主・取締役、どちらのケースでも公正証書化は不要です。

A⑨ × 事業に従事している妻＝取締役、と発想してみます。その場合は公正証書化は不要です。

A⑩ × 実際に事業に従事していなければ、無関係な者が保証人になる＝公正証書化する必要がある、ことになります。

③ 債権譲渡

A社から債権を譲渡されたのなら
A社と結んだ取り決めも引き継いで！

Point

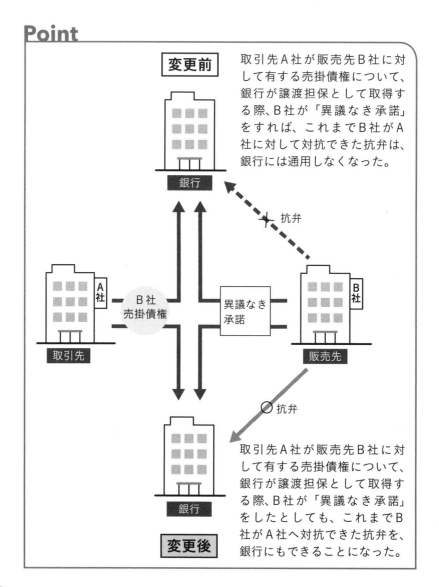

譲渡制限の意思表示をしていたら、譲渡は無効か!?

　ここでは債権譲渡を取り上げます。例えば、近代銀行が私に貸し付けた住宅ローン債権を、グループ会社の近代住宅保証㈱に売却してしまう……というのは、よくある話です。私（債務者）としては、相手が誰であろうと借りたお金を返していけばいいわけで、基本的に文句はないはずですが、もし仮に契約段階で、近代銀行と私の間で「譲渡制限の意思表示＊」がされていたにも関わらず、譲渡されてしまったらどうなるでしょうか？　私は翌月からの返済を拒めるでしょうか？

＊ちなみに改正前は、「譲渡禁止特約」という表現でした。

　答えはNOです。このことが466条２項に「債権の譲渡は、その効力を妨げられない」と明記されています。もっとも、この例でいえば、近代住宅保証㈱に重大な落ち度があって譲渡制限の存在に気づかなかった……というときには、私は「近代住宅保証㈱への返済ではなく、引き続き近代銀行に返済します！」という主張が通ります。これが466条３項です（当たり前の話ですが、誰にも返済しなくてよくなる、ということはありません）。

　また、もし近代住宅保証㈱が譲渡禁止を知っていたり（悪意）、落ち度があったり（重過失）したときには、近代住宅保証㈱に差押えをかけたファイナンス会社があったとしても、私はやはり「あなた方には払いません、今までどおり近代銀行に返済しますから！」と言えます。このことは、466条の４に定めてあります。

　ところで、事例を変えて、私が商売がうまくいっていない工務店を経営していたとします。私は、建売住宅の建築代金1,000万円を来月施主さん（債務者）から受け取ることになっているのですが、一方で私は消費者ローン会社から借金をしており、こっちのほうはずっと前

から延滞したままだったとします。すると業を煮やした消費者ローン会社は、建築代金1,000万円という債権に対して、差押えをかけてくるわけです。当然、施主さんと私の間では「譲渡制限の意思表示」があるのですが、この差押えは有効になるでしょうか？

　この答えはYESです。元々、判例では確立していたことですが、改正により466条の4として明文化されました。事態が事態だから……ということでしょうか。

「異議なき承諾」をしても、抗弁事項は引き継がれる

　前段の話の要点は、近代銀行が私の住宅ローンを勝手にグループ会社に譲渡してしまった場合でも、今後私は文句を言わずにグループ会社に返済しなければならない、ということでした。これが466条2項ですが、同時に、このグループ会社が事情を知っている（悪意）とか、知らないことによほどの落ち度がある（重過失）ときには適用しない、ということが466条3項で定められています。

　ところで、譲渡禁止特約（譲渡制限の意思表示）のついた預貯金債権については、例外扱いになります。つまり、466条の5で「預貯金債権については、466条2項に関わらず、譲渡制限に関して悪意や重過失の譲受人等に対抗できる」となっています。むしろプラスして押さえておきたいのはその続きで、このことは「強制執行をした差押債権者に対しては適用しない」となっていることです。これは今回の改正というよりは、差押えの一般ルールというべきですが、この点も前段で触れた466条の4と整合しますね。

　ところで、再び近代銀行と近代銀行から住宅ローンを借りている私の話ですが、この譲渡におけるルールは次のようになっています。

①私に文句を 言わせないために	近代銀行*が私へ通知する （私が単に承諾してももちろんOK）	467条1項
②第三者へも 有効とするために	私への通知 or 私の承諾を 確定日付化しておく	467条2項

＊譲り受けるグループ会社ではダメ

　これらは改正前後で変更ありませんが、一つ改正されたのは、次の468条（譲渡における債務者の抗弁）です。簡単にいえば、改正前は私が「異議なき承諾」をすると、それまで近代銀行との間で取り決められていた抗弁事項(猶予や条件見直しなど)がクリアされてしまい、新たな貸し手のグループ会社には通用しなくなっていました。これが改正後は「異議なき承諾をしても、譲渡までに近代銀行に抗弁できたことは、引き続き抗弁できるよ」ということになりました。債務者フレンドリーな改正ですね。

▌1年先に入ってくる賃料債権も譲渡できる!?

　債権譲渡の分野には、今回の民法改正の中でも新たな明文化の主要事項が一つあります。それは、「将来債権の譲渡性」というものです。
　将来債権とは、どんなものを指すのでしょうか？　例えば、テナントビルのオーナーが借入れの担保として、賃料（テナント料）債権を担保提供するとします。この場合、半年先、1年先……に入ってくるべき家賃は将来債権ということになります。
　まずここでの問題は、半年先、1年先……にならないと資金的には実現しない債権を譲渡する（つまり譲渡担保に供する）ことがそもそも可能なのか、ということです。この点、平成11年1月29日の最高裁

判例以来、有効だという点は確認されていますが、今般の民法改正において466条の6（将来債権の譲渡性）として、明文化されました。

　そして次の問題ですが、前述のテナントビルのオーナーが、Ａさんから B 社に変わったとしましょう。借入人はＡさんのままですが、担保提供者が B 社に変更となるわけです。ここで B 社から「将来債権譲渡の契約は、前オーナーＡさんとの話だ。新オーナーの当社としては承服できない。少なくとも、これから先に入ってくる賃料について継続的に担保とみなされては困る。あくまでも、資金として入った時点でそれをどうするか考えるべきだ」と主張されたらどうでしょうか？

　この点についても、平成13年11月22日の最高裁判例を踏まえて、同条２項で「その意思表示の時に債権が現に発生していないときは、譲受人は発生した債権を当然に取得する」と明文化されました。つまり、譲渡担保の設定を受けた銀行のものになるよ、というわけです。

　ここまで、将来債権の例としてテナントビル賃料債権を取り上げましたが、ほかにもクレジット会社が持つ利用者向け債権を銀行に譲渡する例も考えられます。この例で、利用者が破産してしまった場合、直接取り立て権限を有するのは、クレジット会社なのか、それとも銀行なのかが争点になった判例もあります。ここまでの明文化はされていないため、今後の実務上も論点の一つといえるでしょう。

業務への影響

実務上では、①住宅ローン債権を関連会社に譲渡すること、②取引先の売掛金債権を譲渡担保として譲り受けること、などの場面が想定されます。改正点として、譲渡制限特約が付されていても譲渡自体は有効とされるようになったということは、前記①がやりやすくなったといえます。反面、第三債務者が「異議なき承諾」をしても、新たな債権者（＝譲受人）に対してこれまでどおりの抗弁ができるようになったことは、前記②において銀行（＝譲受人）にとって、留意が必要になります。

チェックテスト

以下の①～⑧について、正しいものは〇、間違っているものは×で答えてください。

Q① A銀行から住宅ローンを借りたB氏は、債権譲渡禁止特約（譲渡制限の意思表示）があったにも関わらずローン債権がA銀行からC保証に譲渡された場合、返済を拒否することができる。

Q② 上記①のケースで、C保証が譲渡特約について知らないことに重大な過失がある場合、B氏はA銀行・C保証双方に対しての弁済義務を免れる。

Q③ Dファイナンスが、譲渡制限の付された住宅ローン債権に対して差押えをかけた場合、それは有効である。

Q④ 上記③のケースで、Dファイナンスが譲渡特約について知らないことに悪意あるいは重大な過失がある場合、B氏としては引き続きA銀行への弁済を続ければよい。

Q⑤ 債権譲渡を債務者本人に対して有効とするためには、承諾を取り付けることが唯一の手段となる。

Q⑥ 債権譲渡を競合する第三者（ファイナンス会社等）に対して有効とするためには、通知書あるいは承諾書について、確定日付を取得する必要がある。

Q⑦ 債権譲渡について異議なき承諾をすると、それまでのA銀行との間での抗弁事項（例：条件見直しなど）は、譲受人であるC保証には適用されなくなる。

Q⑧ 平成28年にテナントビルオーナーＡ社と賃料債権について譲渡担保契約をし、その後平成29年にオーナーがＢ社へ変更になった場合、平成30年以降の賃料債権の譲渡担保については、改めて銀行とＢ社で協議して決定する必要がある。

チェックテストの答え

A① × 466条２項のとおり、債権譲渡そのものは有効とされます。

A② × 確かに重大な過失があれば、Ｃ保証への弁済は免れますが、その場合には債権譲渡が有効とはならないだけであり、引き続きＡ銀行への弁済義務を負うことになります。

A③ ○ 466条の４のとおり、差押債権者の執行は有効とされます。

A④ ○ なお、悪意と重大な過失は、同じレベルで扱われます。また、債権譲渡が有効にならないということは、Ｂ氏にしてみれば元々のＡ銀行への弁済を続けるということであり、そもそもの弁済が免除になるわけではありません。

A⑤ × 通知をすることでもよいとされています（467条１項）。

A⑥ ○ この点に改正前後で変更はありません（467条２項）。

A⑦ × この点が改正事項であり、抗弁は維持されることとなりました(468条)。

A⑧ × これが、将来債権譲渡として、その譲渡性が肯定されました。なお、判例法理としては平成13年当時より肯定されています。

④ 債務引受

社長名義の債務、会社に引き取ってもらってスッキリしよう

Point

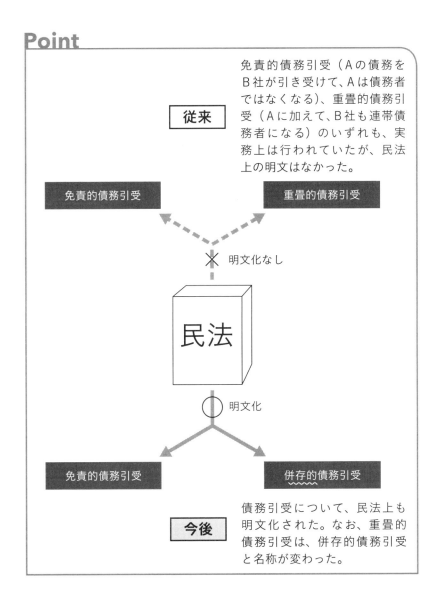

事例は存在していたが、明文化されたのは初めて

「債務引受」とは、オーナー社長の個人債務を会社が代わりに引き取る（あるいはその逆）などをイメージするとよいでしょう。こうした事例は世の中にいくらでもありますが、実は民法には債務引受という項目がなかったのです。今般の改正で初めて明文化されました。

　さて、債務引受ではまず、併存的債務引受と免責的債務引受の２つを区別してください。別に難しいことではありません。社長の個人債務を会社が引き受けるに際して、社長も引き続き債務を背負い、それに会社も加わる形式が「併存的」です。逆に、社長はもう免除されてしまい、会社が肩代わりする形式を「免責的」といいます（ちなみに、「併存的」については、これまでは「重畳的」と呼ばれていました）。

　470条と471条が、併存的のほうです。ポイントは、471条１項ですね。これまで、社長が銀行に対して主張できた抗弁は、相乗りしてきた会社も同じように主張できる、というものです。これとまったく同じ話が免責的のほうでもありまして、472条の２の１項で定められています。「じゃあ、この２つ、実質的には区別ないの？」というと、少々違っているところもあります。それは471条２項と472条の２の２項、それぞれに定められている取消権・解除権のところに表れます。簡単にいえば、併存的債務引受が行われても、前記の例でいえば、取消権・解除権は、元からの社長が有しているのです。会社としては、連帯債務の負担限度で履行の拒絶ができることにとどまります。

免責的債務引受にしたいが意思確認ができないときは？

　具体的なケースで考えてみましょう。亡父の事業債務を、兄弟であ

る長男・次男・三男の３名がひとまず相続しました。この段階で、３名は自分の責任分担が１／３ずつの分割債務者となっています。これに関してやがて長男が「ほかの２名の分も免責的債務引受しよう」という話になりました。

けっこうな話なのですが、そのとき三男は、どこかに雲隠れ（失踪）してしまっているとします。それでも、免責的債務引受の話を進めることはできるでしょうか？

これまでの解釈では「債務者の意思に反しなければ、債権者＝銀行と引受人＝長男で締結すればよい」ということになっていました。ですが、新しくできた債務引受の条文によれば、「免責的債務引受は、債権者が債務者に通知したときに、その効力が生じる」（472条２項）とされています。雲隠れした三男には通知ができませんから、この条項を充たせないということになるのです。

今のところ、この問題への解釈としては「三男の意思が明確ではない以上、長男の債務引受は、免責的ではなく併存的債務引受と扱うべきではないか」との見解が強いようです。

長男であればともかく、よからぬ筋であれば「いったん俺が返しておいたから……」といって法外な代位弁済による求償権を振りかざしてくる可能性があるわけです。代わりに弁済をしてくれる人がすべて善人、ということにはならないのです。

▍債務者が変更されると、抵当権・根抵当権はどうなるか

そのほか、債務引受に関して留意したい点は抵当権・根抵当権など担保の取扱いです。これが問題となるのは、免責的債務引受、つまり債務者が選手交代となるケースでしょう。例えば次のケースです。

　借入人がA社からCファイナンスに代わるのはよいのですが、自分の土地に抵当権を設定させてやっていたBさんにしてみれば、自分と無関係なCファイナンスのために引き続き抵当権を設定させるのは嫌でしょう。よって法的にも、債務が更改されることによって、抵当権の付従性はなくなる＝Cへの貸出に抵当権は付かなくなるわけです。

　もっとも、それでは貸している銀行は困りますから、免責的債務引受の前に、担保提供者Bに対して、引き続きの抵当権設定を承諾させておく必要があります。そして、抵当権変更の登記も整えます。

　なお、これが根抵当権の場合は、2段階の登記が必要になります。つまり、黙っていると新しい債務者Cファイナンスへの貸出が担保される理屈になりますが、本来望むことは、元々の旧債務者A社の債務を担保することだと思います。

　このため、債権の範囲として「債務引受（旧債務者A）に係る債権」を加える、との2段階目の変更登記が必要になるのです。

> **業務への影響**
> 実務上は、従来から債務引受は行われており、これが条文化したものであるため、大きな影響はないものと考えます。免責的債務引受の契約も、銀行と引受人の二者間契約で成立させることができますが、銀行から元の債務者への通知が必要になる点には留意しましょう。

チェックテスト

以下の①～⑤について、正しいものは〇、間違っているものは×で答えてください。

Q① A社の借入れをB社が引き取り、A社は債務者の責を免れるものを、免責的債務引受という。

Q② A社の借入れをB社が引き取っても、A社も引き続きその責を負う、つまりは連帯債務化する形式を、併存的債務引受という。

Q③ A社が銀行に対して主張できた抗弁は、債務引受したB社としては主張することはできない。

Q④ 長男が、次男・三男の債務を免責的債務引受してやろうとしても、もし三男の行方がわからず通知ができない場合、この債務引受は「免責的ではなく併存的」と扱われる。

Q⑤ 免責的債務引受が行われたとしても、これまでの債務に設定されていた抵当権は引き続き有効となる。

チェックテストの答え

A① 〇

A② 〇 なお従前は、重畳的債務引受と呼んでいました。

A③ × 引き受けた者も主張できます(471条1項および472条の2の1項)。

A④ 〇 三男の意思が確認できないため、こう扱う見解が有力です。

A⑤ × 債務が更改されると、抵当権の付従性はなくなってしまいます。

⑤ 弁済

甥に代わって
お金をお返しします

Point

債務者Aさんの叔父Bさん（弁済をするにあたって正当な利益を有さない第三者）からの弁済には、銀行からの承諾が必要であった。

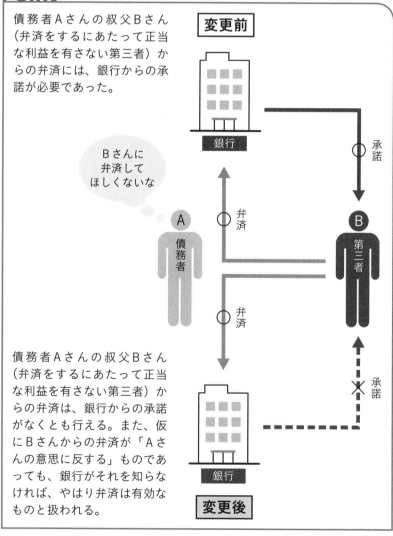

債務者Aさんの叔父Bさん（弁済をするにあたって正当な利益を有さない第三者）からの弁済は、銀行からの承諾がなくとも行える。また、仮にBさんからの弁済が「Aさんの意思に反する」ものであっても、銀行がそれを知らなければ、やはり弁済は有効なものと扱われる。

代物弁済は、引渡し時点ではなく契約した時点で成立

473条〜504条までは、「債権の消滅」という節の第1款：弁済です。ちなみに、債権を消滅させる手段としては、弁済のほかにも、相殺（505〜512条）・更改（513〜518条）・免除（519条）・混同（520条）などがあります。なんといっても、きちんとお金を返してもらう弁済が定石ではありますが、借入れをした本人が弁済すること以外に、第三者が代わりに弁済することもあれば、資金の代わりにモノ（不動産など）を差し出す代物弁済など、その方法にはいくつかパターンがあります。

その分だけ、弁済に係る条文数はたくさんあるわけですが、今般の改正に関しては、条文整備や表現修正などはともかくとして、本質的な変更点というのはそれほど多くありません。

その中で、大切なことの一つは、前述の482条・代物弁済でしょうか。ここでは、「代物弁済というのは契約した時点で成立しているんですよ。つまり諾成契約なんです」と明確にされました。不動産登記上も、代物弁済によって所有権移転登記をするときには、登記原因日付は、その約定をした日付（例えば3／16）としています。

ただし、抵当権抹消登記の日付は、本当に法務局で登記をする日付（例えば4／2）となる点、お間違えのないように。

身代わり弁済する際、債権者の承諾が不要に

もう一つ、本人以外の身代わり弁済については、これまでは法定代位（＝親が子に代わって支払うなど）と任意代位（＝それ以外の人や組織が支払うこと）に分けていました。しかし今般、任意代位でも何でも、「債務者の意思に反する者でなければ」、いちいち銀行の承諾を

得るまでもなく、弁済をしていいよということに変わりました。つまり、銀行（債権者）の承諾要件を外したのです。「債務者の意思に反する者」というのは、筋の悪い金融会社などが想定されるだけでしょうから、通常でいえばあまりないですね。

　なお、これに関して、債権者すなわち銀行側が「その返済が、債務者の意思に反することを知らなかったとき」は、第三者弁済を有効と取り扱うように加えられました。

　では、銀行側として「債務者の意思に反することを知らない（わからない）」とは、どういった場合が想定されるでしょうか？　一つの例として、債務者自身が行方不明になっているケースが考えられます。「延滞はしている。でも死亡したわけではないから、債務者は引き続き行方のわからなくなった者のままである」というケースですね。

　債務承認など取り付けられない中、たとえ一部の資金でも正規の弁済を受けることができれば、消滅時効を中断（更新）させることができます。その意味で、銀行側としてはぜひともやりたいわけです。

　この場合、弁済してくる第三者とは、多くの場合は近親者ですね。債務者の親・別居中の妻などが想定されます。いずれも保証人になっているわけではない（つまり、「弁済について正当な利益を持たない」）のですが、「銀行さんに申しわけないから、いくらかでも弁済しよう」という話です。銀行側には「知らなかった」ことについて、過失は問われません。よって弁済を受けておいてマイナスはないでしょう。

業務への影響 債務者が行方不明の場合に、保証人にはなっていない近親者（正当な利益を持たない第三者）が代位弁済をしてくるとき、金融機関はそれが「債務者の意思に反しているかどうか？」を確認できません。確認できない＝善意であれば、仮に債務者の意思に反していたとしても、その第三者弁済は有効と定められました。

チェックテスト

以下の①～⑧について、正しいものは○、間違っているものは×で答えてください。

Q① 借入金を金銭で返済する代わりに、自社の不動産をもって弁済に充てることを代物弁済という。

Q② 例えば、3／15に代物弁済の契約を行い、4／5に実際に所有権移転登記をしたとすると、代物弁済契約は4／5に成立することになる。

Q③ 上記②のケースで、抵当権抹消登記は、3／15付で行うことになる。

Q④ 第三者が債務者に代わって弁済を行うためには、銀行（債権者）の承諾を要する。

Q⑤ 正当な利益を持たない第三者が、債務者の意思に反して弁済することは認められない。このことは、銀行がかかる事実を知っているか否かを問わない。

Q⑥ 債務者の叔父・債務者の長男は「正当な利益を持つ第三者」といえる。

Q⑦ 行方不明の延滞債務者の親族が、延滞債務者に代わって一部弁済をしてくることが、仮に「本来の債務者の意思に反する」場合には、銀行はこの返済を受けることができない。

Q⑧ 主たる債務者と親族関係があれば、「利害関係がある」といえる。

043

チェックテストの答え

A① ○

A② × 契約自体は諾成契約であるので、3／15をもって成立しています。したがって、登記の原因日付も3／15となります。

A③ × 抵当権抹消は、不動産の移転登記が行われた4／5以降となります。

A④ × 債権者の承諾は不要となりました。しかし、債務者本人の承諾、あるいは少なくとも銀行から債務者本人への通知、が必要である点に注意が必要です。

A⑤ × 確かに、原則として弁済は認められないわけですが、銀行＝債権者がそのことを知らなければ、弁済は有効となります。債権者の利益にも配慮した発想を取るものでしょう。

A⑥ × これらの者は、事実上の利害関係はあるが、法的な利益を有するとまではいえません。やはり実務上は、保証人という立場に就くことを求めたいところです。

A⑦ × 銀行として「意思に反する」ことを知らなければ、その返済を受けることができます。

A⑧ × 親戚などは、それだけで「利害関係あり」とはされません。このため、銀行に一部弁済してくれても、利害関係のない者からの弁済と扱うことになってしまうのです。

⑥ 相殺

預金は差し押さえたんだから
預金と貸出債権の相殺は無効だ！

Point

銀行が自らの貸出債権（自働債権）と預金（受働債権）を相殺するに際して、どちらの期日が先であってもかまわないとする判例法理（無制限説）で対応している。

判例法理が条文化されたことに加えて、「預金にファイナンス会社（第三者）から差押えがかかったとしても、貸出債権の成立が先であれば相殺が優先する」ことが条文で明確化された。

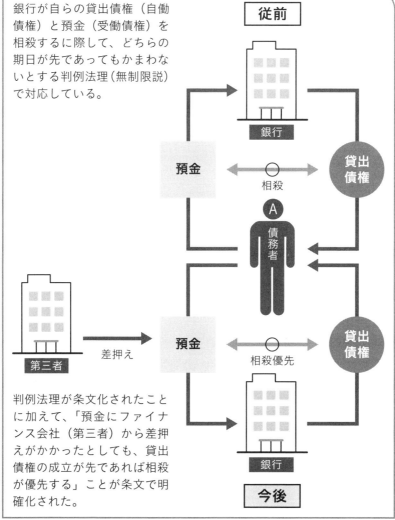

重大な過失があった場合でも、「知らない」は通るか？

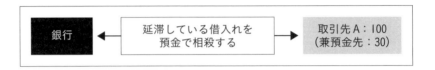

　相殺とは、銀行としては取引先Aに延滞されていてらちがあかないため、ひとまずAの預金30を強制解約して、借入れ弁済の一部に充当しようという話です。これを銀行側からみたとき、自らが貸し出した100を「自働債権」、一方で預金30を「受働債権」といいます。逆に取引先Aのほうからみると、預金が自働債権で、借入れ金が受働債権となるわけです（「ジドウ」「ジュドウ」の「ドウ」は、「動」ではなくニンベンがついて「働」です）。

　別の例を挙げて、505条2項（相殺の要件）を考えてみます。

　元々、A社とB社の間には相殺禁止条項があったわけですが、A社から債権を譲り受けたC社が「そんなことは俺は知らない、さっそく相殺をかけさせてもらう」と言った場合、その主張は通るでしょうか？
　答えとしては、C社が悪意（つまり、その条項を知っていた）もしくは重大な過失（いわば、大チョンボ）があったときは、C社の主張は通りません。改正前は、善意か悪意かだけが判断基準だったのですが、重大な過失は半ば悪意と同一視されますから、同じ扱いになるの

です。この改正は、③債権譲渡で記した466条3項と平仄を合わせているのです。

債権が時効に……。もう相殺はできない!?

相殺は、今般の改正ではそれほど大きく変わったわけではないのですが、実務上よく出てくる単語を整理しておきたいと思います。

A社側からみたとき、相殺適状になったのだからサッサと相殺をかければよかったのに、グズグズしているうちに肝心の甲債権（すなわち、A社にとっての自働債権）が消滅時効にかかってしまったとしたら、この相殺を仕掛けることはできなくなってしまうのでしょうか？

答えはNOで、A社としては引き続き相殺をかけることはできます。しかし、消滅時効後に甲債権を譲り受けたC社は、相殺をかけることはできませんので、注意が必要です。

まあ、時効消滅した債権を振り回して、「相殺だ！」と主張するのはムリ筋だという理屈でしょうか。このあたりが、508条に定めてあります。

他社から差押えを受けた場合、何が優先されるのか？

もう一つ、511条を見ておきましょう。私たち金融機関（第三債務者）

の預金者Dが、実は多重債務に苦しんでいて、ファイナンス会社から差押えを受ける、という図式です。

要点は、金融機関もこの預金者Dにお金を貸していたら（教育ローンなど）、この差押えに関わらず、預金と教育ローンの相殺をしていいよ、という点（511条1項）です。差押えよりも先に、金融機関の債権が成立しているため、金融機関が優先するのです。

仮に、金融機関が保証人になっていて、ファイナンス会社へ代位弁済した場合は、その保証による求償権は確かに差押え以降に生じたものですが、すでに差押え前に原因（というか契約）が存在していたため、特に預金と求償権の相殺を認めます（511条2項）、とされています。

業務への影響

金融機関が、取引先の預金と貸出金を相殺しようとするとき、預金の満期のほうが先に到来していても、相殺することはかまわないとする判例法理（無制限説）が条文化されました。ただ実務上は、従前からこれを前提として取り扱っているため、影響はあまりないでしょう。また例えば、差し押さえた売掛債権について、「その販売先から何らかの損害賠償請求に基づく相殺を主張されるケース」などが想定されるようになる点に留意が必要になってきます。

チェックテスト

　以下の①〜⑤について、正しいものは〇、間違っているものは×で答えてください。

Q① A銀行から住宅ローン2,000万円を借りているB氏は、A銀行に定期預金800万円を預けている。B氏が延滞していて相殺をするとき、A銀行から見てB氏への住宅ローンは自働債権という。

Q② 仮にA銀行とB氏との間に「相殺禁止条項」があったとして、もしA銀行からCリースが住宅ローンを受け継いだ場合、Cリースがこの禁止条項について知らなかった場合でも、Cリースもこの禁止条項に拘束される。

Q③ 上記①のケースで、A銀行が相殺をかけずに放置しているうちに、消滅時効（5年）が経過してしまった場合、もはや事後ながら相殺をかけることは不可である。

Q④ 上記③について、A銀行から債権を譲り受けたCリースとしても、事後ながら相殺をかけることはできない。

Q⑤ 上記①のケースで、B氏がD信販からも借入れをしていたところ、D信販から預金に差押えがかかったとする。A銀行の相殺は行えないことになる。

チェックテストの答え

A① ○ 自働の自とは、自分の債権の自。ちなみに、定期預金のほうは受働債権です。

A② × Cリースが善意＝この条項を知らなかった場合は、拘束されません。なお、知らないことに重大な過失があれば、それは悪意と同一視されるため、条項に拘束されることになります。

A③ × いったん相殺適状になったのだから、その効力は活きていると発想し、A銀行の相殺は認められます。

A④ ○ Cリースは、相殺適状時点で当事者ではなかったため、上記③とは結論を異にします。

A⑤ × 差押えよりも先に、A銀行の債権が成立しているため、A銀行が優先します。

⑦ 法定利率

法定利率が3％になったんだから、それ以上は違法なの？

Point

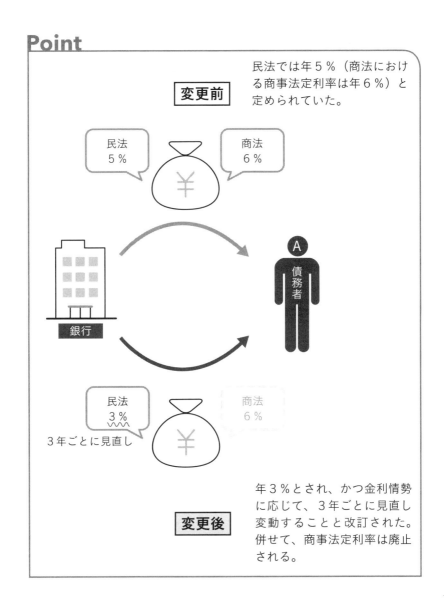

３年後、法定利率はさらに変わる可能性も

　法定利率（404条）の最も特徴的な改正事項は、これまでの年５％をひとまず年３％に改めたことです。「ひとまず」というのは、実はこの年３％は404条２項で定められていて、続く３項には「３年を１期として、１期ごとに法定利率を変動させていく」と定めています。したがって、これからも金利情勢に対応して、４項・５項の算定方法により法定利率は見直されていくことになっています。

　言葉としては、「約定利率」と「法定利率」の２つを区別してください。預金でも貸出でも、そもそも約定利率があるわけで、仮にそれが明確になっていなかった場合には法定利率を用いましょうということですから、実務上は約定利率が重要になりますね。

　この法定利率は民法におけるものですが、商法514条にも商事法定利率という項目があり、そこでは「年６％とする」と定まっています。この条項が、今回の民法改正に伴って廃止されました。すなわち、一般人同士の取引だろうが、商人間の取引だろうが、これからは区別なく民法の法定利率が適用されることとなるわけです。

　実はこの点が、これまではやっかいでした。商人＝金融機関が、一般個人向けにローンを出すときは、利息の定めをしないと商法の枠には入れないよ、とされていました。信用金庫自身は非商人性があるため、その貸出取引が商行為だからというロジックを付けて「法定利率も（消滅時効も）商法を適用します」としていました。

> **業務への影響** 法定利率が年３％となりましたが、貸出取引においては、利率も遅延損害金利率も、取引先との相対契約で定められた約定利率が適用されているため、この点の実務への影響はありません（もし、金融機関が逆に債務不履行による請求などを受けた場合に、法定利率が問題となります）。

チェックテスト

以下の①～③について、正しいものは〇、間違っているものは×で答えてください。

Q① 融資契約の際の適用利率は、法定利率が約定利率に優先される。

Q② 法定利率は、従来の年５％が年３％に改訂されたが、また３年ごとに見直されていくことになる。

Q③ 商取引においては、商事法定利率（年６％）があったが、これは廃止されて、民法上の法定利率に一本化される。

チェックテストの答え

A① × 逆です。当事者の定めがないときに法定利率が適用されます。

A② 〇

A③ 〇 一般人同士の取引も商取引も区別なく、一つの法定利率になるわけです。

⑧ 履行期と履行遅滞、受領遅滞

受領遅滞中に起きた事故は誰の責任？

Point

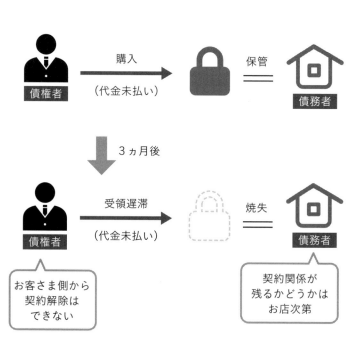

債権者（お客さま）が品物を取りにこない（＝受領遅滞）うちに、債務者（お店）が品物を引き渡せなくなった（＝履行不能）場合、契約関係が残るかどうかは、債務者側の判断に委ねられることが明文化された。

債権の期限は３つに分けられる

　ここではまず、履行期と履行遅滞（412条）を取り上げます。貸出の期限が到来してお金が返せなければ履行遅滞、ということは至極当たり前のことですが、民法では次の３種類の債権を想定しています。

①確定期限のある債権	普通の貸出債権のことです
②不確定期限のある債権	何かの条件付けがあり、それにより期限となるもの
③期限の定めのない債権	交通事故の賠償金支払いなど、即、払うべきもの

　そして、それぞれいつから履行遅滞扱いになるかが違っています。

①確定期限のある債権	貸出の期限を迎えたとき以降、遅滞扱い
②不確定期限のある債権	債務者が期限到来を知ったとき あるいは債務者が履行の請求を受けたとき*
③期限の定めのない債権	例えば、その事故のときから遅滞扱い

　＊は、当たり前の話ですね。だって、「もう払ってくださいよ」と言われれば、それが期限ということですから。また、期限の定めのない消費貸借（＝１万円を貸すことも消費貸借です）の場合は、「相当期間が経過したときから」遅滞扱いとされます。まあ、１万円借りて、その２時間後から「履行遅滞だ！」なんて主張されたら困りますから、常識的な日数が経過してから、というわけです。そして、この部分を明文化したことが改正点です。

　この履行遅滞と似て非なるものが、消滅時効の起算点（すなわち、時効カウントの出発点）です。これは次のように整理されます。

①確定期限のある債権	期限到来のときから、消滅時効スタート
②不確定期限のある債権	期限到来のときから、消滅時効スタート
③期限の定めのない債権	債権が成立したときから、消滅時効スタート

■ 早く受け取りに来れば壊れなかった……は通用するか？

　前述の履行遅滞は、期限にお金を返さないことなので容易にイメージが湧きますよね。では、受領遅滞（413条）とは何でしょうか？

　例えば、銀座のブランド店で30万円のバッグを注文して、引渡しは半月後……となっているのに、（支払うお金がないのか）お客さまが受け取りに来ない、といったケースです。

　この状況がしばらく続くうちに、バッグの取っ手が切れたとします。その場合、悪いのはお店で、きちんと自費で修理したうえでお客さまに引き渡さないといけない（＝債務者側の責任）と考えるのか。それとも、グズグズして取りに来ないお客さま（＝債権者）が悪いのだから、取っ手が壊れたまま引き渡して構わないと考えるのか。この点が問題となるのです。

　従前より法定責任説といって、「取りに来ない（＝受領遅滞している）ほうが悪い。ブランド店は（善管注意義務より一段下がった）自己の財産に対するのと同一の注意義務さえ果たしていれば、それでよい」と考えられてきましたが、この点が改正法で明文化されました。

　この考え方によって、さらに413条の2（履行不能による帰責事由）という条文が追加されました。要は、もしブランド店（＝債務者）がバッグを用意できないでいるうちに、バッグ工場が燃えて引渡しが不可能になってしまった（＝履行不能）ときには、ブランド店に債務不履行が発生します。一方で、お客さま（＝債権者）が受け取りに来ないうちに店舗が火事にあって引渡しが不可能になったときは、受領遅滞中の問題であり、お客さまの側から契約解除とは言えないよ！（つまり、契約関係が残るかどうかはブランド店側の判断に委ねられる）となります。これも、判例法理としてあった話を明文化したものです。

法定利率が３％なら、14％の遅延損害金は違法か？

　私たちの貸出の契約書には、遅延損害金という条項があり、弁済が遅れたときには日割り計算で、年14％などの高率での損害金がチャージされることとなっています。今、何気なく「14％」としましたが、そもそも遅延損害金（＝履行遅滞に伴う損害賠償）は、どのように決めることになっているのでしょうか？

　宅配ピザや自動車部品の納品遅れであれば、415条（債務不履行による損害賠償）にあるように実損をベースに決めていくことになりますが、貸出金などの金銭債務は419条（金銭債務の特則）が根拠になります。ここでは、まず「法定利率によって定める」とあります。法定利率は前項⑦で取り上げましたね。ですが、これは「遅延損害金を年３％にしろ」と決めつけているわけではなくて、「約定利率が法定利率を超えるときは、約定利率による」とされています。ですから、安心して年14％と約定利率を定めることができます。

　余談ですが、よくサラ金などで法外な遅延損害金を要求されて、過去の過払い分を返還請求する話がありますね。これは、2010年に利息制限法が改正されて、遅延損害金の料率を年20％以下にすることになったにも関わらず、それを超える設定がされたケースなどの場合です。過去には29％というものすごい高率も存在していました。

> **業務への影響**　実務上、意識すべきは、金銭消費貸借（確定期限のある債権）だけであり、法改正による影響はあまりありません。ただし、損害賠償額があまりに過大であったり、根拠に乏しかったりする場合には、消費者契約法により、予定されている合意が無効とされることとなった点は、お客さまへも情報提供していくとよいでしょう。

チェックテスト

以下の①〜⑥について、正しいものは○、間違っているものは×で答えてください。

Q① 不確定期限のある債権とは、何らかの条件によって期限となるものである。

Q② 不確定期限のある債権は、履行すべき期限を知ったときから履行遅滞となる。

Q③ 不確定期限のある債権は、履行すべき期限を知ったときから消滅時効の起算がスタートする。

Q④ 期限の定めのない債権の例としては、契約解除に基づく品物の返還請求などがある。

Q⑤ 期限の定めのない債権は、履行請求を受けたときから履行遅滞となる。

Q⑥ 期限の定めなく100万円を貸すと、履行遅滞が直ちに始まることになる。

チェックテストの答え

A① ○　例えば、借家を退去したら資金を返還するなどです。

A② ○　条件が成就したこと＝履行すべき事態となったこと、を知った以上は、さっさと履行すべきです。

A③ ×　期限が到来すれば、そこから消滅時効はスタートしますから、返すべき者にとってはラッキーです。権利者にとってはキツイですね。

A④ ○　請求されなくても、即、支払うべき義務があるイメージです。

A⑤ ×　上記④のとおり、請求されなくても直ちに支払うべきものなのです。

A⑥ ×　確かに「期限の定めなき」ではありますが、特にお金の場合については「相当の期間が経過後」から遅滞と扱われます。

⑨ 債権者代位権

もうあなたには任せておけない！
私が取り立てます!!

Point

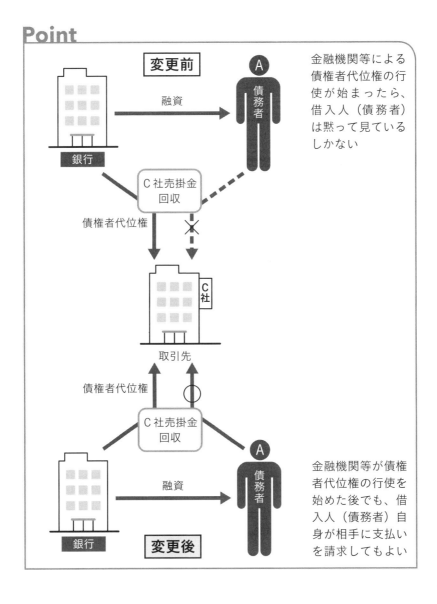

何でもかんでもしゃしゃり出ていいわけではない

　債権者代位権は、今回の改正の中でも大切な項目の一つです。現行では423条ひとつだけの条文でしたが、改正により423条の2〜7まで追加されています。どういうものか、下記を例に確認しましょう。

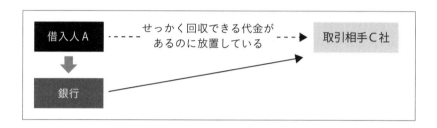

　簡単にいうと、銀行の借入人Aが、取引相手C社からせっかく回収できる代金があるのに、これを放置している。銀行は当初、「Aさん、何やってるんですか！　ちゃんと回収してくださいよ！」と言っていたものの業を煮やして、「Aさんが回収しないなら、当行が代わりに回収します！」となるケースです。

　ただし、これはどんなときでも許されるわけではなくて、「借入金の期限が到来していること*」が原則になります。当然ですよね。何でもかんでも銀行がしゃしゃり出てきたら、取引関係が壊れてしまいますから。

*期限が来ていなくてもよい例外としては、すみやかに行うべき登記などの保存行為が挙げられます。

　前記の、AがC社に対して持つ権利を「被代位権利」といいます。今般の改正によってできたネーミングです。そして、代位の対象にならない性質の権利として、例えば一身に専属する請求権（離婚した相手への月々の扶養代金など）や、これと同じように差押えが禁止され

ている請求権などがあります。この点は、従前から変更ありません。

代位行為が始まった後も、借入人による請求は可能

ではここで、債権者代位権に関する規定の全体を見てみましょう。

423条	期限到来により行使できること、一身専属的な権利は対象外
423条の2	被代位権利が可分であれば、自己の債権の限度内で行使すること
423条の3	債権者は、自己に直接支払うように求めることができる
423条の4	行使を受けた相手方は、元々の債務者に対する抗弁を債権者へも対抗できる
423条の5	代位行使が始まった後も、債務者自らの処分権限は制限されない
423条の6	債権者の権利行使が訴訟の場合、その旨を債務者へも告知すること
423条の7	債権者代位権は、登記請求においても準用される

主だったところについて、補足します。

423条の3ですが、これは直接取立権といい、銀行はC社に対して「直接、うちに支払ってください」と言える権利です。そもそも、Aがアテにならないから代位行使しているわけですから、当然ですよね。これは判例の考え方が明文化されたものです。

一方、423条の4（相手方の抗弁）として、C社としては「△△が充たされるまで支払わなくてよいはずだ」など、Aに対してできた抗弁は、そのまま銀行へも言うことができます。

また、423条の5ですが、こちらはこれまでの判例の考え方が修正された条文です。わかりやすく言うと「銀行が出てきたら、Aさんは

061

もう引っ込んでいなさい」というのが戦前からの判例でしたが、Ａから請求してもよいと修正されました。Ｃ社としても二重に払わされるわけではないし、銀行としても目的は果たされるのだから文句はないだろう、という発想だと思います。

業務への影響

従来は、代位権行使をする旨の通知を受けた債務者は、もはや独自に権利行使をすることはできないとの判例法理に従ってきましたが、法改正によってこれが改まり、債務者も自ら取立てなどの処分をすることは妨げられないこととなりました。これにより、金融機関が債権者代位権の行使を行う場面が縮小することも考えられるでしょう。

チェックテスト

以下の①〜④について、正しいものは〇、間違っているものは×で答えてください。

> **Q①** 銀行が債権者代位権を行使できるのは、原則として、銀行から借入人への貸出の期限が到来して以降、である。

> **Q②** 債権者代位権を行使した銀行は、借入人の取引相手へ「直接、当行へ支払ってください」と要請することができる。

> **Q③** 元々、取引相手が借入人に対してできた抗弁（△△が充たされるまでは支払わない）は、債権者代位権を行使する銀行に対しては通用しない。

> **Q④** 銀行が債権者代位権の行使を始めたら、借入人自らが権限行使することはできなくなる。

チェックテストの答え

A① 〇

A② 〇　そもそも借入人がアテにならないから、代位行使しているわけです。

A③ ×　債権債務の性質が変わったわけではないので、そのまま通用します。

A④ ×　「何も、二重支払いを強いられるわけではないから、いいだろう」という発想です。今回の改正で変更になった点です。

⑩ 詐害行為取消権

悪意があって贈与したんだから絶対に取り消せるはずだ！

Point

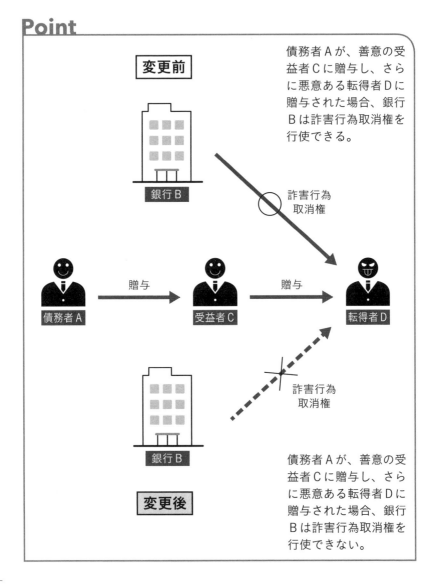

貸出の期限を待たずに取消権の行使が可能

⑨債権者代位権に引き続いて、詐害行為取消権を取り上げます。この２つは現行民法でも423条・424条と並んでいて、かつ言葉の感じが何となく似ているため、どっちがどっちだか混同してしまう方もいるかもしれません。下記の図でイメージを確認しましょう。

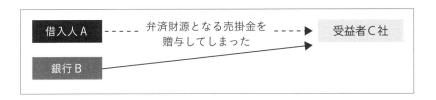

債権者代位権のときは、借入人Ａがボサッとしていてアテにならないので、銀行Ｂが横から入って代わりに回収する話でした。それに対して、詐害行為取消権の場合、借入人Ａは確信犯というか、銀行Ｂを害することを認識したうえで、受益者Ｃ社へ贈与行為を行っています。

銀行Ｂが相手方Ｃへ権限行使する形は同じですが、一つ異なるのは、詐害行為取消権の場合、貸出の期限を待つことなく、直ちに取消権を行使できる点です。放っておくとどんどん傷口が広がるから、という発想です。

この取消権行使は、裁判所に請求するケースが大半です。銀行Ｂが強制執行という形で実現できるものでなければ、裁判所の命令などを出してもらうことになります。

受益者Ｃ、転得者Ｄ、どちらか片方が悪意なら……？

今回の改正において、詐害行為取消権にはいくつかの変更が入って

います。また、そもそも債権者代位権と同じく、424条の２〜424条
の９までに条文が枝分かれしています。これらの中で特に重要なもの
を確認していきましょう。

　まず、登場人物が四者になるケースです。先ほどの登場人物はＡ（債
務者）・Ｂ（銀行）・Ｃ（受益者）の三者でしたが、Ｃ（受益者）から
さらに転売などを受けたＤ（転得者）が出てきて、四者関係になるこ
とも少なくありません。これは、424条の５（転得者に対する詐害行
為取消し請求）という条文です。

パターン❶
債務者 ─────→ 受益者Ｃ😊 ─────→ 転得者Ｄ😈
・Ｄは「銀行Ｂを害することを承知していた＝悪意だった」 ・Ｃは「銀行Ｂを害することになるとは知らなかった＝善意だった」

パターン❷
債務者 ─────→ 受益者Ｃ😈 ─────→ 転得者Ｄ😈
・ＣとＤどちらも「銀行Ｂを害することを承知していた＝悪意だった」

　改正前はパターン①について、銀行Ｂは悪意の転得者Ｄに対して取
消権の行使ができました。しかし、改正によってこれができなくなり
ました。つまり、銀行Ｂが取消権行使できるのは、パターン②、すな
わちＣとＤどちらも悪意である場合に限られることとされました。転
得者の保護を優先したわけですね。

　では、ここで問題です。以下のパターン③を見てください。

パターン❸
債務者 ──→ 受益者Ｃ😈 ──→ 転得者Ｄ😊 ──→ 再転得者Ｅ😈
・Ｄは善意だが、さらにＤから再転得したＥは悪意であった

Ｃが悪意でもＤが善意ならば、Ｄ自身は保護されますが、そこから
また再転得したＥが悪意だったら、どうなるでしょうか？

　これについても、銀行Ｂにとってハードルが高くなってしまいまし
た。銀行ＢがＥに対して取消権行使するためには、「Ｃ・Ｄ・Ｅのす
べてが悪意であること」が要件とされるようになったのです。転得者
保護の姿勢が鮮明になった、あるいは手形における人的抗弁の切断ロ
ジック（瑕疵の治癒）に似た結論といえますね。

求償権の発生が、詐害行為の後でも取消可能

　その他の変更点についても見ていきましょう。

パターン④	請求債権発生 →　詐害行為 😈		OK
パターン⑤		詐害行為 😈 →　請求債権発生	NG
パターン⑥	保証委託契約 →　詐害行為 😈 →　求償権発生		OK

　元々ハッキリしていた話は、パターン④と⑤です。つまり、請求す
べき債権とは、詐害行為の前に発生していたものに限る、という原則
です。それはそうですね。⑤のように、後から生じた債権についても、
（無関係な）詐害行為のせいにして訴え出られたりするのは、おかし
いですから。

　従前の民法が定めていたのはここまででしたが、改正によってパタ
ーン⑥も加えられました。例えば、保証委託契約自体は確かに詐害行
為の前に締結されていたが、実際にそれに基づいて（保証してくれと
いう）求償権が発生したのは詐害行為の後、というケースです。この

場合でも、詐害行為取消権の行使対象とできることとされたのです。

債務者＆受益者が通謀して、財産を売却したら詐害行為

話は変わって、別の事案、424条の2（相当の対価を得てした財産の処分行為）についてです。簡単な例を挙げると、会社の不動産を安値で他人に売却してしまうことです。

基本的には、「タダで処分したわけではなく、お金が入ってきたんだからいいじゃないか」ということですが、不動産から金銭に財産の種類が変更される点に着目して、次の要素を満たす場合には、ストップをかける（＝詐害行為として扱う）こととされました。

つまり、①債務者として対価である金銭を隠匿処分するつもりであり、②そのおそれを現に生じさせている。さらに、③受益者（金銭を受け取る側）も債務者の意思を知っていた場合、です。債務者＆受益者が、結託（＝通謀）していたときですね。

一定要件の偏頗行為にも詐害行為を適用

最後に、改正で新設された条文を中心に見ていきましょう。

偏頗行為というものがあります。返済に窮している会社が、特定の銀行（Ａ銀行）に対してだけ追加担保提供をしたり、資金ができたからと一部内入れ返済をしたりする行為です。「みんな弁済を受けられなくて困っているのに、どうしてＡ銀行にだけ返済するんだ！」という話です。

これはまず、会社がすでに支払不能の状態にあるときで、会社とＡ銀行が通謀している場合に適用になります。加えて、支払不能に陥る

前30日以内に行われた積極的な弁済についても、やはり適用されます。これらが424条の3です。基本的には、偏頗行為はその内容を限定化し、かつ債務者が支払い不能であることなどの要件設定をしています。

また、例えば代物弁済だとして不動産の名義移転をやったとします。本来は、この名義移転登記を抹消させるのが筋でしょうが、（さらに転売してしまったなどで）その財産自体の取戻しが困難なときは、その価額の償還を請求できるという規定が424条の6です。

感覚的には当然ともいえますが、詐害行為取消権は裁判によって行使するのが基本ですから、本来の訴訟物との齟齬を埋めるために、こうした条文根拠が重要なのです。

この訴訟ですが、債務者Ｂが友人（受益者）Ｃへ不動産を横流ししたとします。銀行が勝訴した場合、判決の効力が及ぶのは「友人Ｃに対してであり、債務者Ｂに対してではない」というのがこれまでの判例法理でした。条文には、「債務者へも及ぶ」と書かれていなかったためですね。

ですが、普通に考えれば、債務者Ｂにもその既判力は及ぼすほうがよいので、今回改正で「債務者およびそのすべての債権者へも効力を有する」と425条が変更されました。

> **業務への影響**
>
> 債務者が行った詐害行為について、受益者・転得者……の全員が悪意（銀行を害することを知っていた）ではない限り、銀行は取消権行使が認められなくなるため、このように当事者が連続していくケースには注意が必要になります。また、取消訴訟の判決効力は債務者にも及ぶものとされたため、提訴に際しては、債務者へも訴訟告知を行う義務が加わりました。

チェックテスト

以下の①～⑦について、正しいものは○、間違っているものは×で答えてください。

Q① 詐害行為取消権が債権者代位権と異なる点は、期限を待たずに行使できること・原則的に裁判所へ請求すること、である。

Q② ［詐害行為の受益者Ｃ（悪意）⟶ 転得者Ｄ（善意）］の場合、銀行はＤへ請求できない。

Q③ ［詐害行為の受益者Ｃ（悪意）⟶ 転得者Ｄ（善意）⟶ 再転得者Ｅ（悪意）］の場合、銀行はＥへ請求できない。

Q④ ［詐害行為は2017年、貸出は2019年］の場合、銀行は取消権行使できない。

Q⑤ ［保証委託契約の締結は2015年、詐害行為は2017年、求償権発生は2019年］の場合、銀行は取消権行使できない。

Q⑥ 特定の銀行に対してのみ返済を優先させる行為（いわゆる偏頗行為）は、支払不能に陥る前30日以内に行われた場合には、詐害行為とされる。

Q⑦ 詐害行為として不動産名義移転が行われてしまい、それを取り戻すことが困難な場合、その価額を請求することができる。

チェックテストの答え

A① ○ この2点は、よく押さえておいてください。

A② ○ Dのところで、瑕疵が治癒されたと考えます。

A③ ○ すでにDのところで瑕疵が治癒されているため、その後の変化は問われないものと考えます。

A④ ○ 貸出が発生する以前の不都合のせいにするのはおかしい、と発想します。

A⑤ × これは大元の契約が、詐害行為より前に成立しているから構わないものとされます。今回の改正で加えられた条文です。

A⑥ ○ 今回の改正で条文化されました。

A⑦ ○ これも、今回の改正で条文化されました。

⑪ 時効

1年、3年、5年、10年……
いつになったら時効は成立するの!?

Point

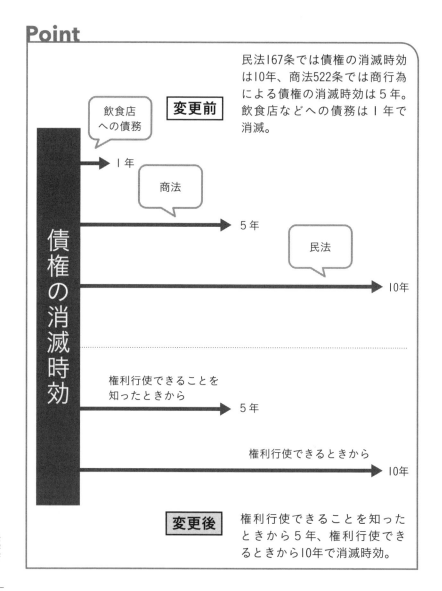

改正されたのは「消滅時効」が中心

　今回の民法改正においては、第1編：総則、の中にも重要な改正事項があります。それが「時効」です。

　時効は大きく2つに分けられます。取得時効と消滅時効です。取得時効の典型例としては、所有者のハッキリしない山あいの土地をＡさんがずっと占有（すなわち、家を建てて住み続けていたなど）していると、20年経過によって所有権を取得するというものです。

　ちなみに、占有開始時点で善意、つまり「ここは自分の土地だ」と誤解していた場合には、10年経過によって所有権取得となります。

　真の所有者がいるにしても、その人だって10〜20年、ノータッチで放っておいたのですから、責任があります。あとは時効完成までの年数の問題で、さすがに70年とか100年では長すぎるから、民法では20年にしているわけです。

　一方、今回の改正に絡むのは消滅時効が中心です。この典型例としては、借金の返済を催促されることなく、5年や10年が経過すると、その借金がナシになるという話です。実は、これまで債務の性格によって、時効完成までの期間が1年、5年、10年と違っていたのですが、今回の改正で割とスッキリとまとまりました。

　改正のポイントは、単に年数だけではなく、「どうすれば時効の進行にストップをかけられるか？」「時効完成の効果は、借入人本人だけでなく、連帯債務者全員に及ぶのか？」といった点です。

「時効の中断」は「時効の更新」に変更

　ここからは、具体的な改正ポイントを見ていきましょう。まず、時

効について重要な用語の変更があります。次のとおりです。

これまでの条文	用語の変更
時効の停止（一時的に時効の進行がストップする）	時効の完成猶予
時効の中断（これまでの進行がナシになって振出しに戻る）	時効の更新

　これまでは「時効の中断」という言葉に慣れっこになっていたので、これからは「更新」という言葉に早く慣れないといけませんね。

　現行では、時効の中断＝更新の事由として、147条で①請求、②差押えや仮差押え、仮処分、③承認を定めていますが、改正された147条〜150条では、もう少し幅を拡げて定義されました。

	時効の完成猶予	時効の更新
147条	裁判上の請求・支払督促の申立て 裁判上の和解・民事調停、倒産手続参加	裁判上の確定判決等
148条	強制執行・担保権の実行	強制執行等をしたが、未だ完全回収とならないとき
149条	仮差押え、仮処分	
150条	催告（＝債務承認よりも弱いレベルです）	

　ちなみに、差押えと仮差押えの違いを一言でいいますと、差押えは民事執行法に基づき、これからまさに債務者の財産を換価処分しようとするときに裁判所に出してもらう命令です。

　一方、仮差押えは民事保全法に基づき、（先々は換価処分まで及ぶかもしれないけれど）さしあたっては、債務者が勝手に財産処分をかけないようにロックしておこう、という目的で裁判所に出してもらう命令です。ちなみに、そのままほったらかして訴訟を起こさないと、仮差押えは解除されることもあります。

要は、最終確定的な手段ではないので、時効の更新というよりは、完成猶予の事由だといえるわけです。

勝手に消滅時効が成立してしまう事態を防ぐことも可能

　前述した時効の完成猶予（一時的に時効の進行がストップする）ですが、何かの事態が発生したときに適用となる以外にも、あらかじめ書面を取り交わしておくことによって、おのずと完成猶予となる旨の条文が新設されました。151条（協議を行う旨の合意による時効の完成猶予）というものです。

　例えば、黙っていると消滅時効が2020年4月末に成立するはずであっても、「いざ消滅時効が成立、となる前には、当事者双方で本当にそうさせてよいか協議を行うこととする」との合意書面を作成しておくわけです。こうすれば、お金を貸した銀行側にとってメリットとなり、時間が経過することで勝手に消滅時効が成立してしまう事態を防ぐことができるわけです。

　ただし、こうやってストップをかけられる期間には制限があり、書面合意から1年が基本とされています。つまり、期間7年の融資を実行した時点で、将来延滞した場合に備えて、こうした合意書面を作っておく……といった予防措置を取ることはできないのです（条文では、協議を行う期間についても、1年未満に限るとされています）。

　さらに、この書面合意による完成猶予期間中に、再び合意を取り付けることは認められていますが、それについても「通算して5年を超えないこと」との枠がはめられます。

　時効の完成猶予とは一時ストップということですから、銀行だったらもっと根本的に延滞先から債務承認書を取り付けて、時効の更新（振

出しに戻る）をすればよいのです。

　再度の書面合意に応じる相手であれば、おとなしく債務承認書にもハンコを押すでしょう。法理としても、債務者にとっての時効完成の利益をあらかじめ制約するような合意には、ある程度の節度が必要ということだと思います。

▌権利行使ができることを知ったときから5年で時効が成立

　先ほど取り上げたのは151条でしたが、改正後の民法条文では、第1節：総則（144条〜161条）、第2節：取得時効（162条〜165条）、第3節：消滅時効（166条〜169条）という構成になっています（ちなみに、155条〜157条、170条〜174条は削除されています）。

　152条〜169条までで、改正によって変わった内容といえば、消滅時効の期間変更です。ポイントを示しておきます。

①現行では、民法167条（債権の消滅時効は10年間、権利行使をしないこと）、商法522条（商行為による債権の消滅時効は5年間、権利行使をしないこと）となっている。

②民法改正によって、「権利行使できることを知ったときから、5年間で消滅時効」、また「権利行使できるときから、10年間で消滅時効」とされた。

　→②の後半のほうの意味は、平たくいえば、権利行使できる状態になれば、たとえそのことを債権者が知らなくても、10年経過したらゲームオーバーだよ、ということです。とはいえ、常識的にいって、金融機関が借入人へ権利行使できるようになった（＝弁済期限が到来した）ことを知りませんでした……なんて話はありませんよね。

③商法522条は廃止

　→前記②で言い尽くされますから、民事債権・商事債権を分ける必
　　然性がなくなったためです。

④その他、「飲食店などへの債務は１年で消滅」「医療診察などの債務
　は３年で消滅」といった短期消滅時効は撤廃され、前記②へ統合

　→債権者にとって請求できる時限が延びるため、不都合はないから
　　です。

業務への影響	時効の中断➡時効の更新、時効の停止➡時効の完成猶予、と変更されました。仮差押え・仮処分が、更新ではなく完成猶予の事由とされる点もポイントです。なお、今般の改正施行日（2020年４月１日）以前に契約している債権＝貸出債権についての消滅時効は、これまでの期間となります。よって、信用金庫等で商事債権とされていない貸出（一般個人向け教育ローンなど）でこれまでに実行されているものは消滅時効10年です。

チェックテスト

以下の①〜⑥について、正しいものは〇、間違っているものは×で答えてください。

Q① 差押え・仮差押えともに、時効の更新（＝中断）事由とされる。

Q② 裁判上の請求も、裁判上の確定判決も、時効の更新（＝中断）事由とされる。

Q③ 債務者への催告も、債務承認も、時効の更新（＝中断）事由とされる。

Q④ 時効を完成猶予（＝停止）させることに協議を行う旨、書面合意をすることができるが、この合意文書は期間７年の融資実行時点で締結しておくことができる。

Q⑤ 消滅時効は「権利行使できるときから10年」または「権利行使できることを知ったときから５年」とされる。

Q⑥ 商法522条（商事消滅時効＝５年）の規定は廃止される。

チェックテストの答え

A① × 差押えはそのまま強制執行＝換価処分に向かえますから、時効の更新事由とされます。これに対して仮差押えは勝手な処分を封じ込めるための保全処分ですから、時効の完成猶予＝停止にとどまります。

A② × 裁判上の請求の段階では、時効の完成猶予＝停止にとどまります。

A③ × 催告の段階では、時効の完成猶予＝停止にとどまります。

A④ × 完成猶予の期間は、書面合意から１年以内です。よって、融資実行時に７年後の期限から始まる時効について、合意を取ることは無意味です。

A⑤ ○ ただし、銀行は期限が到来して権利行使できることを知らないなんてことはあり得ません。よって、おのずと５年と考えておけばよいでしょう。

A⑥ ○ 上記⑤のとおり、今後は民法の規律があれば事が足りるわけです。

⑫ 定型約款

定型約款に該当するものって何？
該当すると何が変わるの？

Point

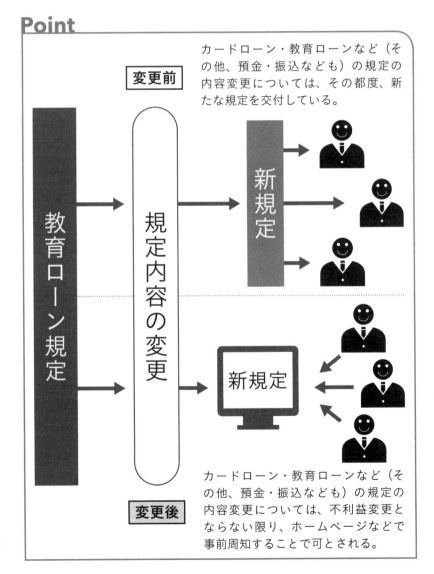

不特定多数が対象の画一性がある取引が対象

　定型約款は今回の改正で新設された項目です。その立ち位置は、次のとおりです。

第3編 債権	第1章 総則		
	第2章 契約	第1節 総則	第1款－第4款 （契約の成立・効力・解除など）
			第5款 （今回新設の定型約款）

　条文番号としては、従前からの番号がピッタリ詰まっているため、第1節（総則）と第2節（贈与）の間にねじ込む形にして、548条の2（定型約款の合意）、548条の3（同・内容の表示）、548条の4（同・変更）と設定されました。

　定型約款とは、定型取引において、その契約内容とされる条項のことです。では、定型取引とはどういうものかということになりますが、ポイントは「①不特定多数を相手としているもの」であり、「②画一性がある」ことです。私たちの業務の中では、預金・振込みのほか、消費者ローン・教育ローンなどの個人ローンなどが該当します。一方、世間一般では鉄道・バスなどが典型例ですね。

　こうした定型取引を行うことに合意した者、例えば「預金をします」とした者は、そこで用意される定型約款の個別の条項についても合意したものとみなす、ということが一番の趣旨です。

　では、どんなタイプの書類が定型約款といえるのか、その判断基準は何かについて、整理してみたいと思います。

①預金約款・振込規定・インターネットバンキング規定など

約款、規定と名称は異なっていますが、いずれも「顧客サイドの個性は問題とならず、不特定多数の顧客に対して、画一的なルールとして定められている」ものといえます。この定義が、定型約款の基本的なポイントとなります。

②教育ローン契約・カードローン契約など

これもまた、①と同じ性格を有しています。確かに、教育ローンでもカードローンでも、利率・期限・返済方法などは固定的であり、"お客さま1人ひとりと交渉して決めていく"というものではありませんよね。これらのローンは、要は保証会社の審査が通るかどうかが重要になります。

これらの意味から、次の契約は定型約款とはいわないのです。

×金銭消費貸借契約・抵当権設定契約

通常の融資は一つひとつ条件を決めていくものですから、その話合いの結果である金銭消費貸借契約や抵当権契約は、「定型約款」にはならないのです。

△銀行取引約定書・信用金庫約定書

これが議論を呼んでいるところです。一応、内容に対する交渉変更が可能ですが、実際の話として「画一的ではないか＝定型約款化しているではないか」という意見も強いのです（実務上は、定型約款としない対応が多数です）。

▌M＆A仲介の基本契約書は定型約款？

定型約款に該当するか否かについて、もう少し見ていきましょう。

M＆A仲介の基本契約書などはどうでしょうか？　契約書に仲介期間・手数料などの条件が入っていると、その条件は契約相手によって

異なってくると思われますから、「相手方の個性に着目」していることになると考えます。よって、定型約款には該当しません。

定型約款とはいわない抵当権設定契約に付随する「建物追担差し入れ念書」は定型約款になるでしょうか。確かに、念書の文言は相手方によって変わるものではなく、「画一性」の要件を充たしているように思われます。「相手方の個性に着目」したものでもないでしょう。

しかし、この場合の念書が、抵当権設定契約本体を補完するものだとすれば、本体の契約書の性質から離れて、独立して定型約款だと考えることには問題があるように思います。この点は議論があるかもしれませんが、一つの見解として示してみました。

「個々のお客さま」に「あらかじめ表示」することに

548条の2（定型約款の合意）をひらたくいうと、次のようになります。

例えば定期預金取引をしようとするお客さまは定型取引合意をしたとされます。そしてこの合意をしたということは、下記の①②にあてはまれば定期預金規定の個別条項についても合意したものとみなします。

①定期預金規定を契約内容とする旨合意したとき
②銀行側が「この約款が契約内容になりますよ」とあらかじめ表示しているとき

金融機関側は当然合意したいわけですから、②のようにあらかじめ表示する必要があるわけです。そのため、民法改正準備対応の一環で

も、どれが定型約款に該当するかを確認して、それらにこの"あらかじめの表示"をしておくことになるのです。

　①は1号合意、②は2号表示といわれています。①ならば、なおさら結構なのですが、預金をしに来たお客さまと、いちいち合意書面を取り交わすくらいだったら、お渡しする約款に表示されているほうがカンタンですよね。

　ちなみにこの「表示」は、そのお客さまに対して個々に行われなければいけない、とされています。言い換えれば、世間一般に対して「公表」することではダメだ、というわけです。単にホームページに掲載することでは「表示」にはならず、「公表」だとされます。

　蛇足ですが、JRの切符みたいなものは、民法の上位・特別法で手当てして、公表で済むようにするそうです。急いで切符を買おうとしているときに、「合意をお願いします」なんて求められたら、たまらないですからね。

定型約款の内容を変更しても合意したものとみなされる

　次に、548条の4（定型約款の変更）について見てみましょう。この条文は、前述の548条の2（定型約款の合意）ほどややこしくはありません。

　ポイントは、「私たち（金融機関側）が、お客さまと合意をすることなしに定型約款の内容を変更したとしても、その変更後の条項について合意したものとみなされる」ということです。もちろん、何でもかんでも勝手に変更して、それをお客さまが合意したことにできるわけではありません。

　まずその変更内容が、お客さまにとって不利益をもたらすものでは

ないことが必要です。したがって、「手数料や金利が上がります」とか「契約打ち切りの条項を追加します」みたいな内容は、みなし合意の対象とはなりません。変更の必要性や合理性があることも要件となります。これらは、第1項に示されています。

また、変更の効力発生時期（例えば、来年2月1日から等）を定めて、具体的な変更内容と効力発生時期をインターネットなどで周知することも必要です。このことは第2項に示されています。インターネットという単語も条文に入っています。

ところで、実務上、ホームページに記せば済むかというと、場合によるでしょう。要件は「相手方全員に対して、変更後の約款条項を知ろうとすれば、容易に知ることができる状況におく」ということにあります。ですから、でんさいネットとかインターネットバンク関連の業務であればこれで済むのですが、高齢顧客の利用が多い商品・サービスなどになると、少し疑問が生じます。この場合は、併せて店頭掲示・利用顧客への郵便などの手段も必要になってくると思われます。

▌ 預金金利の引下げは定型約款の不利益変更になる？

定型約款に関しては、やはり「これは定型約款に該当するのか」が話題になります。その点を今一度整理してみますと、「相手方の個性に着目した」という要素があると、定型約款の要件である「不特定多数性」を充たさないため、定型約款に該当しないことになります。

例えば、年金受給世帯とか、取引先法人会メンバー、地域商店主などは、何らかの条件でくくっているわけですから、これらを対象にしたルールは定型約款とは考えなくてよいということになりますね。

それと、定型約款の内容変更が「不利益なものであってはならない」

ということについて前述しましたが、例えば預金金利の引下げは、こ
こでいう不利益変更にならないのかが心配になりますよね。この点、
答えとしては「大丈夫」という見解が多数です。考え方としては、金
利引下げによっても、

①契約をした目的に反することがない

②変更の必要性、変更後の内容の相当性が確保されている

③変更に係る事情に照らして合理的であること

が充足されれば大丈夫、ということです。まあ、金利情勢の変化に対
応した上げ下げというのは、古来、金融機関ではそれこそ合理的に行
われてきていることですから、③の要件から外れることはないという
ことですね。

業務への影響

どのような取引が、定型約款を用いるもの（定型取引）となる
かについて、金融機関ごとに多少のバラつきが予想されます。
このため、住宅ローン規定や銀行取引約定書が定型約款化して
いるか、などに留意が必要です。また、お客さまにとって不利
益変更になる事項（手数料の引上げなど）については、ホーム
ページでの事前周知では要件を充たさないことにも留意します。

チェックテスト

　以下の①～⑥について、正しいものは〇、間違っているものは×
で答えてください。

Q① 法人融資に際して締結する金銭消費貸借契約は、定型約款とはならない。

Q② インターネットバンキング規定は、不特定多数の顧客・画一的なルールとの視点から、定型約款といえる。

Q③ 銀行が「定型約款が契約内容である」とあらかじめ表示することを２号表示というが、これは個々の顧客にその都度、示さなければならない。

Q④ 上記③の２号表示を行うことにより、定型約款の内容を変更しても、その変更後の条項についての合意があるものとみなされる。

Q⑤ 上記④の変更内容には、手数料引上げも含まれる。

Q⑥ 預金金利の引下げは、上記⑤でいう顧客にとっての不利益変更とされる。

第二章　知識編（1）　――　債権関係の改正ポイントを押さえよう

087

チェックテストの答え

A① ○

A② ○　この定義を押さえておきましょう。顧客サイドの取引個性が問題とされないわけです。

A③ ○　表示＝個々の顧客に示すこと、公表＝ホームページに掲示することです。そもそも定型約款は、1号合意もしくは2号表示のいずれかが必要です。

A④ ○　一応○です。ただし、次の⑤を見てください。

A⑤ ×　お客さまに不利益となる条項は、あらかじめホームページに掲載されるだけで「みなし合意」とされることはありません。

A⑥ ×　金利情勢の変化に対応＝変更に係る事情に照らして合理的＝不利益変更にならない、との見解が有力です。

第三章

知識編（2）

──相続関係の改正ポイントを
押さえよう

ここでは、「相続関係」の改正項目の中でも金融実
務に影響のある項目をピックアップし、そもそもどう
いう規定なのか、改正により規定がどう変わるのか、
それに伴い金融実務のどんな点に影響を及ぼすのか
について、かみ砕いて解説します。

① 自筆証書遺言

不動産の表記まで自筆で書くなんてちょっと大変だ……

Point

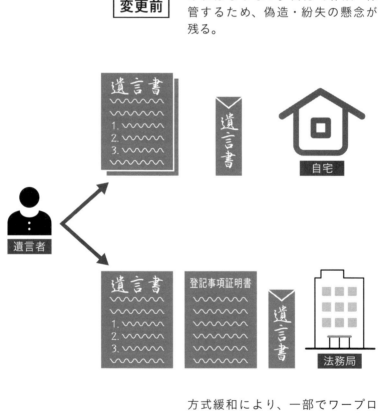

変更前: 遺言者本人がすべて自筆で記さなければならない。自分で作成・保管するため、偽造・紛失の懸念が残る。

変更後: 方式緩和により、一部でワープロの利用が可能に。また、添付書類をもって、財産明細の記載に代用することもできるようになった。法務局での遺言保管制度も創設。

不動産の情報などは手書きでなくても認められることに

　相続法改正の第１段階として2019年１月13日から施行されているのが、自筆証書遺言の方式緩和です。

　自筆証書遺言は、その名のとおり遺言者本人が自分でボールペンを手にとって書きます。遺言内容の中でもやっかいなのが不動産です。基本的には、「私の自宅は長男に相続させる」といった表現ではダメで、不動産の表記を次のように正確に書く必要があります。

所在	山梨県南都留郡みずうみ村山川字小川1339番地		
家屋番号　1339番の７		種類　居宅	
構造　木造メッキ鋼板葺２階建		床面積　１階 34.18㎡　２階 9.87㎡	

　これは、相続による不動産移転登記を行うときに、遺言が登記原因情報として扱われるからです。このため、登記申請書と同じ記載方法が要求されるわけです。そうなると、「わからない」「面倒だ」と、遺言作成がお手上げになるお客さまも少なくなかったわけですが、今回の改正でこの点が改善されました。つまり、遺言書の本文には「別添記載の不動産を長男に相続させる」とし、前述の情報が記載されている資料（固定資産税納付通知書・登記事項証明書・課税評価証明書など）を添付するのです。そして、遺言本文にも別添資料にも、遺言者の住所・氏名・日付を自署し、捺印しておけばよいことになりました。

金融資産は財産が特定できればOK

　自筆証書遺言の方式緩和は、一言でいえば「ラクに作成できる」こ

とを目指したものですが、どのようにラクになったのでしょうか？

　まずは、財産明細のワープロ化です。ワープロならば、間違えても訂正印を押すという面倒はなくなります。ただし最低限、作成者であることを明らかにするために、本人による日付・住所・氏名を自署、そして捺印がされることは求められています。

　次に、添付書類をもって、財産明細の記載に代用する件です。前述のとおり、不動産であれば「登記事項証明書」などが該当します。

　ポイントは、不動産登記において特定ができることにあります。そして、いずれの書類を用いるにしても、その別添書類に本人の日付・住所・氏名が自署捺印されることです。「別添記載の不動産を長男に相続させる」とした本文と別添の２つの書面を結合させることが必要であるために、どちらの書面にも同じ自署捺印が求められるのです。

　また、金融資産であれば、「残高証明書」と「預金通帳の口座番号・名義人氏名欄のコピー」のどちらを添付しても、財産を特定させるという観点で可と考えられます。この場合、法務局の登記官ではなく、金融機関の行職員が財産を特定できればよいのです。

　ただし、相続の時点で例えば「投資信託の口数が変わっていた」とすると、その突合が不明確となってしまいます。その意味では金融資産については、必ずしもコピーを添付するのではなく、「△△銀行◎◎支店に預ける投資信託一切を、長男に相続させる」といった表現のほうが、むしろ適当といえるかもしれません。

▌遺言保管制度により検認が不要に

　作成した自筆証書遺言を法務局で預かってくれる「遺言保管制度」も創設されました。施行は2020年７月からとなります。

公証人に作成してもらう公正証書遺言は、そもそも公証人が預かってくれますから、紛失・偽造などの心配はありません。一方で、自筆証書遺言は、自分で作成して家の引き出しに入れておくなどが一般的であるため、紛失・偽造の懸念が残ります。そのため、「確かに間違いなく本人の作成した遺言である」旨のお墨付きを得る必要があり、その役割を担うのが、これまでの家庭裁判所・検認の制度でした。

　しかし、検認は原則として相続人全員の立会いが求められるなど、手続きが煩雑です。だからといって、検認のない自筆証書遺言を添付しても、不動産名義変更においては法務局は認めてくれません。

　それを解決する手段となるのが、法務局の遺言保管制度です。正確には、民法の関連法としてこの保管に関する法律が制定されるのですが、要は、①遺言作成者が遺言を法務局に保管申請する、②法務局は原本保管に加えて、画像ファイルも作成する、③相続発生後、相続人から法務局に問い合わせ、法務局から遺言の有無を回答、④相続人たちは「遺言書情報証明書」を発行してもらう、という流れです。

　お客さまから予想される質問としては、「遺言自体は2020年7月の施行日前に作成しても構わないのか？」が考えられます。この点に関しては、法務局が様式を定めることも想定されるため、不明確です（2019年9月現在）。

| 業務への影響 | 自筆証書遺言を作成しようとする方が増えて、「不動産や金融資産についての添付書類としてどのようなものが適切か？」との質問を受ける機会が出てくることが予想されます。また、遺言を法務局で保管できるようになると、公正証書遺言の作成を前提とした遺言信託との違いについての質問を受けることも多くなるでしょう。お客さまが望む遺言執行の形式を併せて確認しながら、対応していく必要があります。 |

チェックテスト

　以下の①〜③について、正しいものは〇、間違っているものは×で答えてください。

> **Q①** 自筆証書遺言は、不動産明細や預金残高一覧などを添付して、これを遺言の一部とすることができるが、この添付書面にも日付・住所・氏名の自署捺印を要する。

> **Q②** 検認のない自筆証書遺言であっても、不動産登記手続きに際して、登記原因情報として受け入れられることは間違いない。

> **Q③** 遺言の法務局保管制度を利用しても、自筆証書遺言である以上は、相続発生後に家庭裁判所で検認を受ける必要がある。

チェックテストの答え

A① 〇 ただし、本文と同じく、捺印は三文判でも構いません。

A② × 検認のない自筆証書遺言は、登記手続きの際に有効な原因情報とされない点が問題でした。

A③ × この検認を略せるようにしたことが制度のメリットです。

② 仮払い制度

遺産分割協議が終わってないから生活資金が引き出せない！

Point

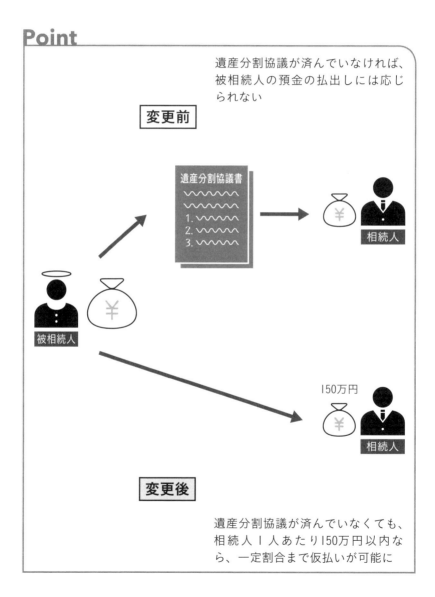

遺産分割協議が済んでいなければ、被相続人の預金の払出しには応じられない

変更前

変更後

遺産分割協議が済んでいなくても、相続人1人あたり150万円以内なら、一定割合まで仮払いが可能に

窮乏をきたす相続人を救済するため仮払いを可能に

　仮払い制度とは、端的には「遺産分割協議が済んでいないのに、一部の資金を要請のあった相続人に対して払い出す」というものです。例えば、預金残高2,000万円・相続人4名であり、遺産分割協議が紛糾している状況だとします。元々10年近く前から、このような状況においては「預金については、法定相続割合の範囲で払い出してよい」と考えられてきました。つまり、「2,000万円÷4名＝500万円」の範囲内で、各相続人から申し出があれば、払い出してよいとするわけです。

　株式（さらには投資信託）であれば、議決権・監督権といった要素がありますが、預金であれば純粋に金銭ということで、遺産分割協議未了の状況でも、当然に法定相続割合で分割されるものととらえてもよいだろう、とされてきました。

　これが、平成28年12月の最高裁決定によって覆されます。つまり、預金であっても、遺産分割協議が済んでいなければ、払出しに応じることはできない、ということになったのです。これを受けて、各金融機関の内部要領も修正されたことと思います。

　しかし実際問題として、亡くなった方への生前の資金立替えなど様々な理由で、資金的に窮乏をきたす相続人が発生する事態となりました。これを救済・緩和する措置が、今回の法改正に盛り込まれたといえるのです。仮払いの金額は、相続人1人あたり150万円以内とそれほど大きくはありませんが、再修正に至った意義は大きいでしょう。

審判沙汰になっていなくても個別に請求できる

　前述のとおり、本来的には預貯金に関しても、遺産分割協議を経た

うえで、対応する額が各相続人に支払われるのが筋です。仮払い制度とは、これを曲げて、一部資金をそれこそ"仮に払う"ものですから、その要件が法律で定まっている必要があるわけです。ここでいう法律とは、①家事事件手続法と、②今回改正される民法、の2種類です。

①家事事件手続法では、従前より、家庭裁判所が取り扱う遺産分割の審判に際して、「急迫の危険を防止する必要がある」ときには、必要な保全処分として一部預金を仮分割することを認めています（同法200条2項）。今回これに加えて、「相続財産に属する債務の弁済、相続人の生活費の支弁」などにおいて必要がある場合でも、預金の一部あるいは全部を仮取得させることを認めるようになりました（同法200条3項）。これらはいずれにしても、遺産分割協議の審判が家裁に持ち込まれている状況においての話です。

一方で、別に審判沙汰になっていなくても、相続人が個別に銀行に申し出て、一部資金の仮払いを受ける根拠となるのが、②今回改正される民法です。これは相続人が個別に、金融機関に対して直接に払戻しを求めてくるものです。家裁の命令決定書などは要しません。そして、前記のような事情を証明することも必須ではありません。その代わり、下記のように金額制限がかかるのです。

亡くなった日の預金残高1,000万円、相続人4名のケースで、相続人の1人であるＡさんが仮払いを求めてきた場合

1,000万円×1／3＊ ＝ 333万円 　　　＊あくまでも"仮払い"との視点から
これを財源として、333万円×1／4（相続割合）＝83万円

これは法定された権利です。つまり、金融機関側では、相続人であることが確認されれば支払いを拒むものではない、ということです。その点を留意して、お客さまへの説明・対応が必要になるでしょう。

仮払い金額の計算基準は、いつの時点の残高か？

実務上の問題点についても考えてみましょう。

前述の仮払い制度の計算例において、そもそも、基準元本はいつ時点のものでしょうか？　私たち金融機関における相続実務では、亡くなった日の残高がいろいろな場面で基準となりますが、仮払い制度に関しても、同じ考え方をとります。

ただし、亡くなった日以降も、カードなどで預金引出しがしばらく続いたとします。そのあげくに仮払い請求がきて、その時点では基礎残高が500万円しかなかったとしたら、その場合には、500万円をもって対応すればよいと考えられます。

また、前述の例で、もし相続人が次々と仮払いを請求してきたら、それは当然受けることになりますが、基礎残高はAさんへ仮払いした分だけ少なくなっていますね。つまり、Bさん、Cさん……と後になるにつれて、計算基礎が小さくなっていくことは、Bさん・Cさんは受忍しなければなりません。

このあたりを金融機関としては明確にしておく必要があります。仮払い制度の対応について、前記のような点をホームページに掲載したり、書面化したりすることが、後々には進んでいくでしょう。この点は、全銀協など団体ベースで検討されていくのではないでしょうか。

> **業務への影響**
>
> 相続手続きが長期間保留となっている親族（自行庫の未取引先も含めて）から、仮払い請求を受ける可能性があります。法定要件を充たしていれば、対応することが原則となります。この仮払いは、従来からの便宜払い（葬儀費用・ローン返済）などと併存するものであること、また、相続発生日から仮払い請求までの間に預金残高が減少している場合の計算基礎元本をどの時点におくか、などに留意が必要です。

チェックテスト

　以下の①〜③について、正しいものは○、間違っているものは×で答えてください。

> **Q①** 家庭裁判所が取り扱う遺産分割審判手続き中に必要がある場合の仮払いについては、民法とは別の家事事件手続法で定めている。

> **Q②** 預金2,000万円、相続人４名のケースで、相続人の１人であるＡさんが仮払いを求めてきた場合、
> 2,000万円×１／３＝666万円
> これを財源として、666万円×１／４（相続割合）＝167万円
> つまり、167万円の仮払いを受けることができる。

> **Q③** 仮払いを受けるかどうかは、金融機関側の相対の判断に委ねられている。

チェックテストの答え

A①　○　逆にいえば、これまでは家裁で事件として取り扱われていないと仮払いを受ける途がなかったわけです。

A②　×　計算式は正しいのですが、結論のところで、上限150万円までしか一つの金融機関から仮払いを受けることはできません。

A③　×　これは法定された権利ですから、正当な事由なく断ることはできません。

③ 遺留分制度の見直し

兄弟で共有は絶対に嫌だ。
遺留分の問題はお金で解決したい

Point

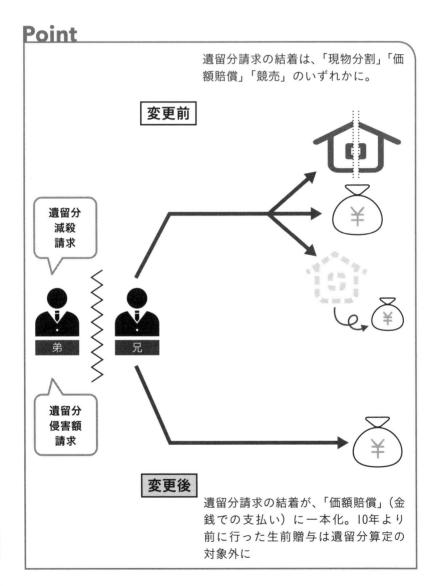

欠格・廃除でない限り、遺産を受け取る権利はある

　民法改正により、遺留分制度も見直されることになりました。まず遺留分制度とは何か、例を挙げて考えてみましょう。相続人となる兄妹３名の内、次男は父親と折り合いが悪かったことから、「次男には、一切相続させない」との遺言が残されたとします。次男が父親に対して暴行・非行を行っていて、法的に「欠格・廃除」と扱われているなら別ですが、そうでなければ、次男としても「いくらかはオレにも寄こせ！」と請求する権利があります。これが遺留分です。

　具体的には、法定相続割合の半分であること（相続人が子ども３名なら、法定相続割合は33％で、遺留分はその半分の16％）、また黙っていても当然に生じる権利ではなく、相続発生を知ったときから１年以内に次男自らが家庭裁判所に申し立てること、などがポイントです。

　この例では次男としましたが、遺留分を請求できる範囲は、亡くなった人の配偶者・子・親であり、兄弟姉妹は対象となりません。このためよくあるのが、子どものいない夫婦で、「妻にすべての財産を相続させたい、兄妹にはやりたくない」という場合に、「すべての財産を妻に相続させる」という遺言を書くというものです。その遺言を見た兄妹は、遺留分を請求できないからです。

遺留分を侵害した額を、お金で請求する

　遺留分を請求する側・される側のどちらにとってもやっかいな話となるのが、主たる相続財産がテナントビルや郷里の土地だったりする場合です。テナントビル１軒だけだった場合、もし前述の例の次男が遺留分を請求してくると、本来的にはそのビルの１フロアを次男に持

分共有させることになります。請求される側としては、仲の悪い兄弟に共有者になってほしくありませんし、請求する側としても「お金で解決してくれ」と思うことが多いでしょう。

　現行では、この兄弟間で共有物分割訴訟が起こされた場合の結着の仕方として、①現物分割、②価額賠償（代償交付金の支払い）、③競売（不動産を全部売ってしまって、お金を山分け）の３つの選択肢があります。そして現実的には、②が選択されることが多いわけです。

　そこで今般の民法改正では、これをはじめから資金決済する方向性で考えるようにしました。遺留分「減殺」請求権を、遺留分「侵害額」請求権と改め、しかるべく額を請求できるものと構成し直したわけです。もちろん、そう言われても「資金がありません……」という相続人もいるわけですから、この請求権に対する支払いは、裁判所によって相当期間の期限猶予を設けてもらえることとなります。

特別受益の範囲を10年に限定

　また、この遺留分の範囲のとらえ方も少し修正されました。これまでは、たとえ相続開始前20年前、30年前であっても、生前贈与を受けている資金などがあれば、それは遺留分を考える際に、特別受益とみなされてきました。しかし、今般の改正によって、相続発生時からみて、10年よりも前に贈与された資金や自社株式などは、遺留分を議論する際に対象外と扱えるようになったのです。

> **業務への影響**
> 相続財産の大半が、自社株式や遠隔地の不動産などである場合、遺留分侵害額請求をされた側としては、別途、交付すべき資金の手当てが必要となってきます。お客さまがこの支払いを行う立場になる場合（すなわち、事業の承継予定者である等）に、資金手当ての手法について相談を受ける機会が増えるでしょう。

やさしくわかる民法〈債権法〉〈相続法〉改正

チェックテスト

　以下の①〜④について、正しいものは〇、間違っているものは×で答えてください。

> **Q①** 遺留分の請求権がある者は、亡くなった人の配偶者・子および法定相続人となる親および兄弟姉妹である。

> **Q②** 民法改正によって、遺留分減殺請求権は、遺留分侵害額請求権と改められた。これにより、請求者は代価となる金銭交付を受けることが主となる。

> **Q③** 遺留分請求に対する金銭交付が困難な場合、裁判所によって相当期間の猶予を与えてもらうことができる。

> **Q④** 生前贈与（資金や自社株式など）は、たとえ20年前、30年前のものであっても、特別受益として遺留分算定の際に考慮されることになる。

チェックテストの答え

A① ×　兄弟姉妹には遺留分はありません。

A② 〇　共有の難しい不動産などを念頭に置いた改正です。

A③ 〇

A④ ×　改正によって、過去10年以内のものまでと線引きされました。

④ 配偶者居住権

自宅を相続したいけれど
生活を考えると現金も欲しい

Point

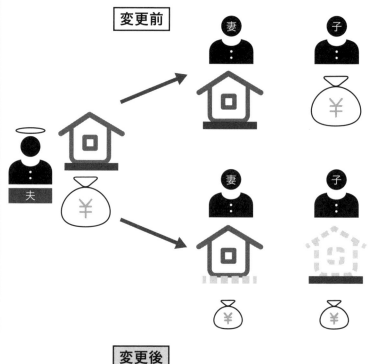

公平な相続や二次相続を考えると、評価額が高くなりがちな自宅を配偶者が相続した場合、現金まで相続することは難しく、先々の生活に支障をきたす

自宅の権利を所有権と居住権に分けることで、配偶者が居住権を得て自宅に住みつつ、現金も相続することが可能に

相続する自宅の権利を「所有権」と「居住権」に分割

　相続法の中でも、施行時期が債権法と同じく2020年4月1日になるものが、配偶者居住権です。相続法改正案が国会で議論されているころから、改正の一つの目玉として、新聞などでもたびたびクローズアップされてきました。

　配偶者居住権を考えるときに、根本的な理解として大切なことが一つあります。それは、「自宅敷地の所有権を持つ人（息子）と、利用権を持つ人（配偶者）という2人の存在が自宅敷地に対して生じる」ということです。これは、（法的に同一ではありませんが）マンションが建てられたときの「そもそもの底地の所有権と、マンション住民が有する敷地権」の関係に置き換えてみるとわかりやすいでしょう。

　絵にかくとこんなイメージですが、こういった権利が生じていないまっさらな土地の評価額を100とすると、敷地権などが発生している土地の評価額は60や70に下がりますね。つまり、100という相続財産が、所有権を取る息子と居住権を得る配偶者の両者に分割される、と考えるとよいでしょう。

自宅に住み続けながら、生活費も確保できる

　配偶者居住権のメリットは、どのようなケースにおいて考えられる

でしょうか？　わかりやすい例で見てみましょう。夫が亡くなり、相続人は妻と長男の２人、そして相続財産は、自宅不動産（評価3,000万円）と預金（2,000万円）だけとします。

　これまでは、妻は自宅（建物および土地）を相続して引き続きそこに住む、というのが常識でした。一方で、長男は遠方に住んでいるため、自宅よりは預金を相続したいと希望しています。そのように分けてしまってもよいかもしれませんが、果たして妻がまったく預金を相続しなくても、これからの生活に支障がないか……というと疑問です。

　そうはいっても、自宅も妻、預金も妻ということでは、公平を欠くことになりかねません。また、先々の二次相続（妻についての相続）を考えると、何もかも妻というのもあまり賢明とはいえないでしょう。

　配偶者居住権の制度は、こうした点を調整できるものです。つまり、自宅（特に土地）3,000万円が妻か長男かの二者択一にはならず、所有権者としての長男、居住権者としての妻に分けられるのです。

　こうすれば、妻としてもある程度の預貯金を相続しても、（自宅の所有権が長男にいっている分だけ）相続した財産額は過大とはならず、長男との公平を逸することもなくなります。

　二次相続発生時には、すでに自宅は長男の名義に替わっているわけですから、相続税負担も軽くなり、一石二鳥かもしれません。

　以上が、配偶者居住権が創設された問題意識といえるでしょう。

■ 所有権と居住権は不可分一体

　配偶者居住権は登記することができます。ちょうど、マンションの住人はその敷地に対して敷地権を有しており（よく謄本に出てくる246／134,567というような比率です）、これが登記されているのと同

じように考えてみるとよいでしょう。

　そうなると、土地自体は息子名義、居住権だけが母親、となるわけですから、登記簿謄本を取ってみると、土地に関しては「負担付所有権：息子　／　居住権：母親」のように登記されていることになります。マンションの一室を売却するときでも、建物部分と敷地権部分は不可分一体として移転することが原則であるように、もし建物を売却する際にも、建物部分そのものと居住権部分は不可分一体となるでしょう。

　そうなると、この自宅についてローンを出していて、抵当権を設定する場合には、息子のみならず母親からも担保提供を受けることが必須となるわけです。母親は、いわば物上保証人のような位置付けになるのでしょうね。

　敷地権とずっと同一のように説明してきましたが、マンションの敷地権は半永久的に続く一方で、この居住権のほうは（二次相続などが発生して）母親と息子の権利の複層化が解消されると消滅します。また、マンションの敷地権は建物所有者が何歳であろうと、その評価額は同一ですが、配偶者居住権は、この母親の年齢によって（つまり平均余命年数によって）計算されます。

　なお、配偶者居住権には、短期居住権というものがあります。これは、相続発生から遺産分割協議が決着するまで「とりあえず母親がそこに住み続ける」ための権利で、6ヵ月以内となっています。これについては、短期の権利ということから登記することはできません。

> **業務への影響**
> 相続された自宅（土地・建物）が配偶者居住権の対象となり、かつ当該物件に抵当権が設定されているケースでは、配偶者にも物上保証人となってもらうことが必要です。なお、配偶者居住権は登記されること、また所有権との評価按分については、配偶者の年齢によって異なってくる点にも留意が必要です。

チェックテスト

以下の①〜④について、正しいものは〇、間違っているものは×で答えてください。

Q① 相続した土地に配偶者居住権を適用すると、例えば「土地の評価100」が、「所有権を有した子70＋居住権を持つ妻30」のようにシェアされることになる。

Q② 配偶者居住権は、マンションの敷地権のように次世代に相続され、半永久的に存続する。

Q③ 配偶者居住権は、相続時の妻の年齢によって、上記①の例でいえば、10にもなれば30にもなるものである。

Q④ （短期ではない通常の）配偶者居住権は、通常の所有権のように登記することができる。

チェックテストの答え

A① 〇 配偶者居住権は敷地権に近いものですが、100の評価がこのようにシェアされる点が特徴です。

A② × "配偶者"居住権とあるように、一代限りの権利である点が異なります。

A③ 〇 正式には国税庁が評価基準を定めますが、概念的にはこのとおりです。

A④ 〇 よって住宅ローンなどに際して、配偶者にも物上保証人となってもらう必要があります。

第四章

実務編

──債権関係の対応方法を押さえよう

ここでは、実際に取引先から徴求することになる書類を取り上げて、「具体的にどのような点が改正されているのか」「私たちの取扱いルールがどのように変化するのか」「実務のどういった場面で留意が必要になるか」について整理します。

1. 基本的な改正対応を押さえておこう

　ここでは、次の「2. 論点とされる改正対応を押さえておこう」と比べて、文言修正など軽微な対応にとどまるもの、あるいは結論が決まっていて議論の余地がないもの、などを集めています。もちろん、改正対応が必要ではありますが、比較的型通りに進められるものと考えてよいでしょう。

〈定型約款〉　　　　　　　　　　　　　　　　　　▶知識編 P081

「預金規定」「インターネットバンク規定」「カードローン規定」などが対象となります。これらの規定（顧客に交付する小冊子タイプのもの）に、次のような文言が、一律に追加されることになります。

1.　本規定は、民法548条の2第1項に定める定型約款に該当するため、当行は本取引の内容・手数料・利用時間・限度額等の取引条件について、同548条の4の規定により、次の場合には、本規定を変更できるものとします。

　　イ.　お客さまの一般的な利益に適合する場合

　　ロ.　法令の変更、経済情勢等の変化、その他の事情に鑑みて、本規定の変更が合理的である場合

2.　変更後の規定の内容および効力発生日については、当行ホームページその他適当な方法で公表します。

3.　第1項ロ. による変更の場合には、第2項による公表から効力発生日の間に、1ヵ月以上の相当な期間をおくものとします。

　　この場合、お客さまは、効力発生日の前日までの間、本規定

の解約条項に拘わらず、予告期間なく、かつ違約金等を支払うことなく、本契約を直ちに解約することができるものとします。

また、各取引の申込書には「○○規定に従うことに同意する」との文言が加えられるため、その点もお客さまへの説明事項となります。

〈消滅時効〉　　　　　　　　　　　　　　　　　▶知識編 P073

時効の中断➡時効の更新、時効の停止➡時効の完成猶予、と文言が修正されます。これらの用語が用いられる契約書類は多いため、お客さまとのやりとりも生じます。

また、仮差押は時効の完成猶予である（更新ではない）ことに留意が必要です。

〈合意による時効完成猶予〉　　　　　　　　　　▶知識編 P075

有効期間は最大１年間（本来の時効完成から５年以内での繰り返し合意も可）であること、また、協議拒否の通知がなされてから６ヵ月の完成猶予が与えられること、の２点が条文の要点です。本事項を契約書類に織り込むケースは少ないですが、むしろ内部要領（延滞金管理など）が修正されます。

〈債務引受〉　　　　　　　　　　　　　　　　　▶知識編 P036

重畳的➡併存的、と文言修正されます。免責的債務引受については「銀行＆引受人の２者合意で成立するが、現債務者への通知が必要」との新設条文に即して、内部要領が修正されることになるでしょう。

第四章　実務編——債権関係の対応方法を押さえよう

111

2．論点とされる改正対応を押さえておこう

　ここでは、融資案件の性質や取引先によって、あるいは金融機関によって、対応が一律とはいえない点について整理していきます。典型的な例としては、連帯保証人についての相対効が挙げられます。

　知識編で見たように、確かに民法の改正条文では「連帯保証人に対する請求は、主たる債務者に対する効果を同時に及ぼすものではない＝相対効」とされました。しかしながら、金銭消費貸借契約書上に文言を加えて、従前どおりの絶対効を実現させようとするのが、多くの金融機関の考え方です。

　以下の項目では、このように対応が分かれてくるもの、あるいは融資を行う条件等によって異なってくるもの、について取り上げていきます。

〈連帯保証人についての絶対効〉　　　　　　　　　　▶知識編 P019

　前述のとおり、連帯保証人に関しては連帯債務についての改正（履行請求の相対効）が準用されるため、連帯保証人への請求をもって、主債務者への請求とはみなされないこととなります。しかし、そのままでは、例えば債務者である法人が弁済不能状態に陥り、連帯保証人である社長自身から弁済を受けていても、それだけでは法人についての消滅時効は進行していくことになってしまいます。

　このため、改正条文に関わらず「連帯保証人の一人に対する履行の請求は、主債務者に対してもその効力を生じる」旨の文言を、金銭消費貸借契約書や保証約定書などに追記する対応がとられます。

〈証書貸付の諾成契約化〉　　　　　　　　　　　　　▶ P008

金銭消費貸借契約書に関しては、もう一つ大きな論点があります。それが「要物契約」から「諾成契約」への転換です。

　もともと現行法では、金銭貸付の契約が成立するタイミングは、顧客に対して資金交付された時点とされていました。これは587条（消費貸借）に「相手方から金銭その他の物を受け取ることによって、その効力を生ずる」とされていることからわかります。金銭という物の交付をもって成立するため、要物契約というわけです。

　しかし、今般の改正で587条の2（書面でする消費貸借等）という条文ができて、契約を書面の取り交わしで行う場合には、その段階で成立する、すなわち諾成契約とされるようになりました。（一般人同士の物の貸し借りはともかくとして）金融機関が貸付を行うときは、当然に契約書面を取り交わしますから、おのずと諾成契約となるわけです。

　確かに、契約成立のタイミングが契約書締結時点と早まっても、当事者の一方が破産手続き開始となれば、契約の効力は失うとされてはいます（前記条文の第3項）。しかし、そこまでいかなくとも、取引先の信用状態が悪化しているなどの情報を得ても、それだけで貸主の側から「やっぱりこの契約はキャンセルする」とは言えないわけです（一方、借主の側は、損害賠償をすることで契約解除できることが第2項に定められています）。

　このため金融機関側としては、単に条文どおりに「全面的に諾成契約化に移行」とするにはリスクがあります。したがって、前述の絶対効を維持することと同様に、取引先との契約書上に、引き続き要物契約とする旨の文言を入れるのです。

　具体的には次のような条項が考えられます。

この契約証書の各条項を承認のうえ、貸主に対して〇年〇月〇日を借入れ希望日（初回実行希望日）として金銭の借入れを申し込む。

　本契約は、貸主が借主に対して現実に金銭を交付したときに成立するものとし、その時以降に、本契約各条項の定めに貸主・借主双方は従うものとする。

　ただし、例えばコミットメントラインを設定し、ドローダウン（枠内の実行）がなくてもコミットメントフィーを徴求しているような取引については、要物契約だとするには無理があるでしょう。このようなケースについては、諾成契約化とせざるを得ませんが、次のような文言を加えて、前述の問題意識に対応できるようにします。

　融資実行前に、債務者あるいは保証人において、次のいずれかの事由が発生した場合には、融資実行は行わないものとし、さらに本契約を解除することができる。また、契約解除に際して発生した損害（資金調達コスト）を、支弁するものとする。

１）銀行取引約定書第〇条に定める期限の利益喪失事由が発生したとき

２）本契約における乙から甲（銀行）に対する権利が譲渡もしくは差し押さえられたとき

３）その他融資を実行できない事由があると判断したとき

〈個人保証人への情報提供〉　　　　　　　　　　▶知識編 P021

　これは、金銭消費貸借契約書および保証約定書に、共通して加えて

いくことになる条項といえます。今般の改正によって、主債務者から保証人に対する情報提供義務が明文化されました。例えば、主債務者＝法人、保証人＝社長の場合、実際的なこととして、社長自身が自分の経営する会社から情報提供を受けるというのは、変な話かもしれません。しかし、保証契約締結段階で情報提供が行われておらず、そのことに金融機関側に過失があるときは、保証人に取消権が生じるのです。

　したがって、その過失という要素を排除しておく必要があり、それが契約書類で情報提供を受けていることの確認を行うことにつながります。

　具体的には「主たる債務者から、財務収支の状況・他の債務の状況・担保の内容について、十分に情報提供を受けました」との文言を追記することになります。

〈保証意思宣明公正証書の適用除外〉 ▶知識編 P024

　民法改正による実務対応の中で、「保証契約締結に伴って、保証意思を公正証書化して確認する」ことがよく話題とされます。しかもこの日付は、保証契約日の1ヵ月以内であることが求められています（3ヵ月前に確定日付を取っておくといったことが許容されないわけです）。このため、今までと比べて融資実行前の手続きが忙しくなる……といった懸念が出ていました。

　しかし幸いに、すべての保証人・保証約定書について、公正証書化が求められているわけではありません。例えば、融資先法人の取締役である者が保証人となっても、公正証書化する必要はないのです。この例外扱いとされる者の具体的な定義が、以下の文例（イ.～ニ.）に示されています。

保証人は、次のいずれかに該当する場合は、確認書類の提出に
よって表明し、かつ公正証書の作成によらず、保証の意思を宣明
します。
イ．主たる債務者の取締役の地位にあること
ロ．主たる債務者の発行済株式数の過半数を有する者であること
ハ．主たる債務者と共同して事業を営む者であること
ニ．主たる債務者の法律上の配偶者であり、かつ事業に従事する
　　者であること
２．保証人は、上記の地位を喪失した後も、何らの手続きを取る
　　ことなく、本保証書に定める極度額もしくは金額の範囲に
　　おいて、保証の責に任じます。

　この中で、少しわかりにくいのがハ．です。例えば、賃貸アパート
事業を営む夫に対して、妻やその子どもなどは、実質的に共同の事業
経営者とはいえないでしょう。このケースで妻や子どもを保証人に徴
するとすれば、（公正証書化の例外には該当しないため）原則どおり
に公正証書化する必要が生じます。
　このようなことから、保証約定書には、公正証書化しなくてもよい
場合を列挙して、それらに該当する場合には、公正証書化をしなくて
も保証意思が明確であることを宣言（宣明）する文言を付記するので
す。

3. 実務のチェックポイントと説明時の話法例

　以下では、お客さまとの間で想定されるやりとり・内部手続き処理などの典型的な例を取り上げて、留意すべきポイントを整理してみます。当然、自行庫の「融資事務要領」が改訂されることになりますが、それらを読み込むベース、突合せ用として活用してください。

　併せて、改正事項を取引先にわかりやすく説明するための話法例・表現を記しましたので、参考にしてください。

〈新規融資への対応〉

①個人ローン（カードローン・教育ローンなど）

　これまでも「カードローン規定」のような小冊子を渡していましたが、これらが定型約款化します。このため、「規定の条項のうち、お客さまにとって不利益にはならない内容変更が行われることがあり、その場合には当行ホームページにおいて公表される」こと、また「実際の効力発生までには公表から1ヵ月あり、もしお客さまが内容変更を承諾できない場合には、違約金などの負担なく契約解除ができる」こと、について説明します。

こんな説明をしてみよう

「当行でも、カードローンや教育ローンは、お客さまお一人お一人で、その条件はほぼ共通しています。そのため、ローン条件などの重要な条項は、この冊子にまとめられています。ちなみにこれを「定型約款」と呼んでいます。

　ご留意いただくこととして、この規定の条項の中でも、お客さ

まにとって不利益にはならないものは、改めて変更契約書類の取り交わしを行うことなく、変更されます。もちろん、その変更内容は、効力発生の1ヵ月前から、当行ホームページにおいて公表されています。

それでも万一、お客さまにとって、その変更内容で不利益が生じるなどで承諾いただけない場合には、違約金などのご負担なく、このローン契約を解除できます」

②アパートローン・親子リレーローン

例えば、賃貸アパート建築資金を取り上げるケースで、配偶者あるいは別居している子どもを連帯保証人に徴するとします。この場合、配偶者あるいは子どもは、借入れ人となるお客さま本人と共同で事業を営んでいる、とは解釈しがたいものがあります。

そうなると、「2．論点とされる改正対応を押さえておこう」の〈保証意思宣明公正証書の適用除外〉でいう「主たる債務者の配偶者であり、かつ事業に従事する」あるいは「主たる債務者と共同で事業を営む」といった定義には該当しなくなります。したがって、保証契約を締結する場合には、保証意思の公正証書を作成する必要が生じるわけです。

こんな説明をしてみよう

「民法改正によって、保証人になっていただく方のうち、「借入れ会社の取締役・大株主、あるいは個人事業主と共同で事業を営んでいる」などに該当しない方は、その保証意思を明確にするための公正証書を作成していただくことになりました。

ご主人が賃貸アパートの借入れ人となる場合の奥さま、あるいは親子リレーローンにおいて現在は連帯保証人となっている息子さま、については、いずれも共同で事業を営んでいるとは解釈しがたいため、公正証書を作成していただくことになります。

③公正証書化適用か否かの判断資料

　前記②の関連ですが、もし適用除外である、すなわち代表取締役などであるということであれば、その確認資料が必要になるでしょう。

　具体的には、①法人の資格証明（あるいは商業登記簿謄本）、②法人税申告書（主要株主や同族株主が明記されている箇所）、③住民票（配偶者であること）および確定申告書（青色申告書には、専従者を明記する箇所がある）、などが該当します。

　こんな説明をしてみよう

　「保証人になっていただくに際して、借入れ会社の取締役であるため公正証書を作成する必要がないことを確認するためには、書類が必要になります。具体的には、法人の資格証明（あるいは商業登記簿謄本）です。また、借入れ会社の大株主であることを確認するためには、法人税申告書（主要株主や同族株主が明記されている箇所）が必要です。

　一方、共同で事業を営む配偶者であることを確認するためには、住民票（配偶者であること）および確定申告書（青色申告書の専従者を明記する箇所）を拝見いたします」

④店舗併用の住宅ローン

　一般的な住宅ローンの契約書については、定型約款ととらえる金融機関もあります。この判断は任意ではありますが、店舗併用（例：1階が店舗、2～3階が住居）や賃貸併用（例：1階が本人住居、2階は賃貸用住居）であった場合は、一般的な住宅ローンの範疇からは外れて、事業性融資と解釈されます。したがって、その契約書を定型約款とすることはできなくなります。

 こんな説明をしてみよう

> 「住宅ローン契約を、定型約款化したローン商品の一部とする金融機関については、その資金使途による区別が必要になるでしょう。つまり、純粋な戸建てやマンションではなく、店舗併用住宅や賃貸併用住宅の場合、これは事業性資金の融資ととらえられるわけです。したがって、その契約書は定型約款化できず、お客さまお一人ずつ、個別の契約書を作成締結することになるのです」

⑤「当行所定の」料率への説明

　これまで、一般的なフレーズとして「当行所定の手数料」「当行所定の金利」といった表現が契約書面に用いられてきました。しかし、今般の民法改正と同期をとって、こういった表現内容のさらなる明確化が意識されています。この実務編での金銭消費貸借契約書の参考ひな型においても、例えば繰上返済手数料の条項文言の修正例を挙げていますが、「当行所定」の基本的な構成要素（例：5年物定期預金金利や10年円金利スワップレートなど）について、把握しておくことが必要になります。

こんな説明をしてみよう

「契約書類の中に、『繰上返済に際しては、当行所定の手数料を徴する』とありますが、これは例えば100万円の繰上返済を行うとしたら、『100万円×0.5％＝5,000円』、さらに『金利の固定期間の残りが6.5年なので、5,000円×6.5年＝3万2,500円』となります。

また、金利スワップ付借入れ契約（変動金利借入れであるが、金利スワップによって最終的な支払いは固定金利となる）を解除する場合には、『借入金額×10年円円スワップレート』によって計算した金額をご負担いただくことになります。

⑥要物契約の維持

「2．論点とされる改正対応を押さえておこう」で述べたように、民法改正条文に関わらず、引き続き、資金交付（口座への入金）以降に契約が成立する、との考え方を採る金融機関が大半になると思われます。その場合には、契約書の該当箇所を示して、その旨の説明と異存がないことの確認を行う必要があります。あくまでも、当事者双方が合意することによって、条文とは異なる取扱いが有効になります。

異議を唱える顧客は、まずいないこととは思いますが、確認しなくてもよいということではない点に留意してください。

 こんな説明をしてみよう

「民法の改正条文においては、金銭消費貸借の契約は諾成契約、すなわち契約証書をお客さまと銀行で取り交わした段階で成立す

るものと改めました。しかし、多くの金融機関同様に当行においても、実務上のお取扱いとしては、お客さまの預金口座に資金を入金した時点をもって、契約が成立するものといたしたいと思います。

　契約書類を取り交わしても、資金を入金する以前には利息や手数料をご負担いただくものではないこと、また、資金入金までに万一の不測の事態が発生した場合の契約解除権などを考慮するものです。

　その点が、この契約書の第＊条の意味するところですので、ご確認をお願いいたします」

⑦連帯保証人に対する履行請求の絶対効

　これも前記⑥と同じく、改正条文に関わらず、連帯保証人への履行請求をもって、債務者本人に対する請求の効果発生とみなすものです。

　⑥も⑦も、もちろん契約書に調印することで承諾している証になりますが、本件に限らず「内容をよく承知しないで調印した。銀行からも十分な説明がなかった」として、事後になってその有効性を争うケースは少なくありません。こうした観点から、改正ポイントについては丁寧に説明・確認を行うことが大切でしょう。

こんな説明をしてみよう

「民法の改正条文においては、これまでの取扱いを改めて、連帯保証人つまり社長に対して請求をすることでは、同時に借入れ債務者である会社自体に請求したことにはならないものとしました。このことを、絶対効から相対効への変更ともいいます。

しかし、この改正が想定しているのは、借入れ債務者との関係が薄い連帯保証人、例えば親戚や友人などへの請求が主となります。社長に請求をしたにも関わらず、会社自体が未だ認識できていないということは想定しがたいことから、多くの金融機関と同様に、当行においても、これまでどおりの取扱いといたしたいと考えます。
　この点が、本契約書の第＊条の趣旨です。ご確認をお願いいたします」

⑧保証人に対する債務者からの情報提供

　このことが問題とされるのは、債務者と保証人が別人格であり、保証人として債務者から法定の情報提供を受けていなかった場合には、保証委託契約を解除できるオプションが与えられるようになったためです。実質的には「保証人である社長が、自分の会社＝債務者の状況をわからないはずはない」ことではありますが、それでも「間違いなく承知のうえで、保証人となります」との趣旨の条項を、金銭消費貸借契約書および保証約定書に入れておきます。そのことを示して説明しておくことが必要です。

こんな説明をしてみよう

「個人の方が保証人になっていただくに際しては、借入れ人である会社から『財務収支および他の債務の状況、担保の内容と設定状況』などをきちんと確認いただくことが大切です。
　社長ご自身が経営なさっているので、これらの点を掌握されていることは重々承知しておりますが、民法の考え方としては、会

社と保証人個人はあくまでも別人格であることから、このような要請があるわけです。

　そして、金銭消費貸借契約書および保証約定書の各々に、以上の点を債務者から情報提供されたうえで保証人となる旨、確認する条項がありますので、ご確認ください」

⑨保証人に対する債権者からの情報提供

　保証約定書の参考ひな型においては、融資が実行された後の金融機関から保証人に対する情報提供（債務者の返済状況など）についても定めています。

　ここでの説明ポイントは、保証人から金融機関への依頼の様式と、逆に金融機関から保証人への回答の様式です。参考ひな型では、保証人からは書面での依頼を求める一方で、金融機関からの回答については様式は問わない、つまり口頭も含めて許容される、としています。

　この点については、金融機関ごとに方法が異なると思われますが、いずれにしても保証人から「回答を受けていない」との主張を排除できるような書面上の取決めが必要になってくるでしょう。

こんな説明をしてみよう

「借入れを行う段階では、債務者である借入人から保証人に対する情報提供が行われますが、その後の借入れ期間中は、保証人の方から銀行に対して、任意に『債務者の返済状況など』について、情報提供を求めることができます。

　これについては、当行でも所定の様式を定めますので、それによってご請求ください。また、当行からの回答についても、原則

として書面で差し上げます」

※前述の本項目に関する解説では、「金融機関からの回答については様式は問わないが、ただし回答を受けていないとの主張を排除できるように配慮が必要」としましたが、実務上の対応としては、双方向で書面化する金融機関が多くなるかもしれません。

〈既往融資への対応〉

①短期継続・債務更改

　例えば、2018年度に実行された長期証書貸付が2020年4月1日の債権法改正の施行日をまたいだとしても、その日以降に、前述してきた対応を追加でとることは原則的に必要ありません。今般の法改正の適用も、一般的な施行ルールと同じく、4月1日以降に新たに契約されるものから適用されていくことになります。

　では、短期手形貸付が3ヵ月ごとに継続されていて、4月1日をまたいだ場合はどうなるでしょうか？　この場合は、4月1日以降は、法改正の内容が適用されることになります。結果的に同条件で継続実行されたとしても、それはあくまでも結果であり、契約としては1本1本、独立しているものととらえます。

　同様に、長期証書貸付などが債務更改された場合も、新たな契約が締結されたものと解されます。そもそも、債務更改においては、抵当権設定契約なども再設定されますから、この点は理解しやすいでしょう。

こんな説明をしてみよう

　「民法改正の施行日は2020年4月1日になりますので、この日以降に新たに締結される貸付契約・保証契約などが、まず改正条項の適用対象となります。つまり、すでに実行されている貸付契約や保証約定について、遡及して改正条項が適用されるものではあ

りません。

しかし、留意したい点がいくつかあります。一つには、短期手形貸付です。例えば、2～5月の3ヵ月で実行されている手形貸付は、4月1日をまたいでも法改正による変更修正はありません。しかし、5月末に書換継続される段階では、法改正内容が適用されます。たとえ、まったく同条件で継続されるとしても、新たな独立した貸付契約とみなされるわけです。

もう一つは、債務更改です。債務更改は（登記実務上は、抵当権でも変更扱いとされますが）、あくまでも独立した新たな契約です。このため、更改後の貸付契約については、法改正後の契約書類と内容が適用されることになります」

②経営者の交代

経営者が交代となった場合、保証人解除を行う場合もある一方、引き続き保証の責に任じてもらうケースもあります。では、保証人としての立場を継続してもらう場合、代表取締役ではなくなった＝公正証書作成の適用除外対象ではなくなった、とのロジックで、改めて保証約定書を作成して、それを公正証書化する必要があるでしょうか？

この点も、改正法条文上でＹＥＳともＮＯとも明確にしているわけではなく、金融機関の判断に委ねられます。保証約定書の参考ひな型においては、「何らの手続きをとることなく、……引き続き保証の責に任じます」すなわち、改めて公正証書化する必要はないとの条項を入れ、これを保証人に承諾させる想定をしています。融資が継続している前提で経営者が交代となっても、取引先の側から公正証書化を要請してくることはおそらくないと思われますが、こちらからこの扱い

で異存がないことを確認しておく必要はあるでしょう。

 こんな説明をしてみよう

> 「4月1日施行日以前の貸付契約であり、これに対応した連帯保証人に社長がなっている限り、何ら変更対応は生じません。そして事後、社長が退任して、ご子息が新社長に就任したとします（貸付契約は継続しているものとします）。この場合の前社長への対応ですが、一つには経営者から退いたことで保証人解除となることがあります。しかしそうしなかった場合、つまり連帯保証人たる立場が継続するときには、（もはや取締役や大株主ではないため）、改めて公正証書を作成するべきでしょうか？
> 　この点については、民法で必要とも不要とも、規定されていません。したがって、既存の契約書にどのように定めてあるかにかかります。当行の契約書面では『何らの手続きをとることなく、……引き続き保証の責に任じます』とありますので、公正証書作成の手続きを踏みませんが、引き続き連帯保証人としてよろしくお願いいたします」

③保証人の住所変更

　元より、一般的な金銭消費貸借契約書や銀行取引約定書においては、債務者が住所を変更した場合には金融機関にすみやかに報告することが求められており、これを怠ると期限の利益喪失事由にあたることとされています。

　一方、保証人については、期限の利益の喪失との絡みでは、住所変更の届け出義務までは定めていません。そのこと自体は、今般の改正

以降もそのままでもよいとしても、保証人に対する金融機関からの情報提供義務の観点で、手当てが必要と考えます。つまり、本来は情報提供をすべき場面（債務者の延滞発生など）であっても、住所変更により郵便が届かなかったような場合には、金融機関側は免責されて、保証人から義務不履行を主張されるものではないことを明確にするのです。保証約定書の参考ひな型でも、この点を想定した条項を入れてあります。

 こんな説明をしてみよう

「住所が変更された場合に、すみやかにお届けいただくのは借入人の方でしたが、今後は保証人の方についても、それが必要になってくると思われます。それは、当行から保証人の方に対して、借入人の方の返済状況などを通知することが、民法改正で拡充したからです。通知義務を果たしたかどうかが争いにならないためにも、住所変更の際には、すみやかなお届けをお願いいたします」

4．〈サンプルで見る〉各種書類の変更点

ここでは、民法改正により文言が変更される書類のサンプルを取り上げ、該当箇所をピックアップして紹介します。どの金融機関でも、概ね同じような変更が行われることになると考えられるので、参照してください。

サンプル1 ローンカード規定

〔ローンカード規定〕

第1条（規定の変更等）
1　本規定は、民法548条の2第1項に定める定型約款に該当するため、当行は本取引の内容・手数料・利用時間・限度額等の取引条件について、同548条の4の規定により、次の場合には、本規定を変更できるものとします。
イ．お客さまの一般的な利益に適合する場合
ロ．法令の変更、経済情勢等の変化、その他の事情に鑑みて、本規定の変更が合理的である場合
2　変更後の規定の内容および効力発生日については、当行ホームページその他適当な方法で公表します。
3　第1項ロ．による変更の場合には、第2項による公表から効力発生日の間に、1ヶ月以上の相当な期間をおくものとします。この場合、お客さまは、効力発生日の前日までの間、本規定の解約条項に拘わらず、予告期間なく、かつ違約金等を支払うことなく、本契約を直ちに解約することができるものとします。

第2条（カードの利用）
　近代カードローンカード（以下「ローンカード」という）は、次の取引を行う場合に利用することができます。
1　当金庫または当金庫と現金預入支払業務を

第5条（カードローン借入金の入金）
1　自動機器を使用して入金するときは、自動機器の画面表示等の操作手順に従って、自動機器にローンカード（またはローンカードと通帳）を挿入し、現金を投入して操作してください。
2　自動機器による入金は、自動機器の機種により当金庫または預入支払業務提携先所定の金額単位とし、1回あたりの入金は当金庫または預入支払業務提携先所定の枚数による金額の範囲内とします。

第6条（自動機器故障の取扱い）
1　停電、故障等により自動機器による入金ができないときは、窓口での営業時間内に限り、当金庫本支店の窓口でローンカードにより入金してください。
2　停電、故障等により自動機器による出金ができないときは、窓口での営業時間内に限り、当金庫が別に定めた金額を限度として、当金庫本支店の窓口でローンカードにより出金することができます。

第7条（ローンカード・暗証番号の管理等）
1　当金庫は、自動機器の操作の際に使用され

第1条：本規定の変更

1．本規定は、民法548条の2第1項に定める定型約款に該当するため、当行は本取引の内容・手数料・利用時間・限度額等の取引条件について、同548条の4の規定により、次の場合には、本規定を変更できるものとします。

イ．お客さまの一般的な利益に適合する場合

ロ．法令の変更、経済情勢等の変化、その他の事情に鑑みて、本規定の変更が合理的である場合

2．変更後の規定の内容および効力発生日については、当行ホームページその他適当な方法で公表します。

3．第1項ロ．による変更の場合には、第2項による公表から効力発生日の間に、1ヶ月以上の相当な期間をおくものとします。この場合、お客さまは、効力発生日の前日までの間、本規定の解約条項に拘わらず、予告期間なく、かつ違約金等を支払うことなく、本契約を直ちに解約することができるものとします。

サンプル2 金銭消費貸借契約証書（固定金利選択）

金銭消費貸借契約証書

収入
印紙

令和　　年　　月　　日

株式会社近代銀行　御中　　住所

債務者

利息支払方法			借入金の受領方法	債務者名義の預金口座への入金の方法によります。		
返済用 預金口座	取扱店	支店		科目	口座番号	
	名義					
繰上返済 手数料	私は、借入金の全部または一部の繰上返済を行う場合は、あらかじめ貴行の承諾を得るものとし、繰上返済日に以下の手数料を支払うものとします。					
	1．適用金利が（固定金利）特約期間中の場合、下記の算式により算出された手数料（ただし1円未満は切捨）並びに当該手数料に賦課される消費税相当額を支払うものとします。ただし、その額が5,400円を下回るときは5,400円を支払います。 算式：繰上返済額×0.5％×固定期間残存月数÷12（月数の計算は、1ヶ月を超える日数があるときは端数日数を切り捨てて計算します。 2．適用金利が特約期間終了後の変動金利である場合、貴行が負担した解約コスト相当額を基礎として算定した手数料を支払うものとします。 3．貴行からの借入によって繰上返済をするときは、繰上返済手数料はかからないものとします。				債務者印
	私は、本契約証書の各条項を承認の上、貴行に対して〇年〇月〇日を借入れ希望日（初回実行希望日）として金銭の借入れを申し込みます。 なお本契約は、貴行が私に対して現実に金銭を交付したときに成立するものとし、その時以降に、本契約各条項の定めに双方は従うものであることを確認します。					

第1条（借入要項）：繰上返済手数料

2．適用金利が特約期間終了後の変動金利である場合、貴行が負担した
解約コスト相当額を基礎として算定した手数料を支払うものとしま
す。

第1条（借入要項）：要物契約化

　私は、本契約証書の各条項を承認のうえ、貴行に対して〇年〇月〇日
を借入れ希望日（初回実行希望日）として金銭の借入れを申し込みます。
　なお本契約は、貴行が私に対して現実に金銭を交付したときに成立す
るものとし、その時以降に、本契約各条項の定めに双方は従うものであ
ることを確認します。

第6条（繰上返済）
1. 私は、借入金の全部または一部の繰上返済を行う場合、未払利息があるときは、繰上返済日にその日までの未払利息の全部を支払います。
2. 私は、借入金の全部または一部の繰上返済を行う場合には、借入要項の繰上返済手数料欄記載の手数料を支払います。

第7条（公正証書の作成）
1. 私および保証人は、貴行の請求があるときは、直ちにこの契約による債務について強制執行認諾文言がある公正証書を作成するために必要な手続をします。このために要した費用は私および保証人が負担します。
2. 本契約の資金使途が事業資金であり、かつ保証人が債務者である法人の取締役もしくは過半数保有株主たる立場に該当しないときは、保証意思確認のため、公正証書を作成します。これに要した費用は、私および保証人が連帯して負担します。

第8条（保証）
1. 保証人は私がこの契約によって負担する一切の債務について、私と連帯して保証債務を負い、その履行については、私が別に貴行と締結した銀行取引約定書の各条項のほか、この契約に従います。
2. 保証人は、私の貴行に対する預金その他の債権をもって相殺はしません。
3. 保証人は、貴行がその都合によって担保もしくは他の保証を変更、解除しても免責を主張しません。
4. 保証人は、保証債務を履行した場合、代位によって貴行から取得した権利は、私と貴行の取引継続中は貴行の同意がなければこれを行使しません。もし貴行の請求があれば、その権利または順位を無償で譲渡します。
5. 保証人は、私と貴行との取引について他に保証している場合には、その保証はこの保証契約により変更されないものとし、また、ほかに限度の定めのある保証をしている場合には、その保証限度額にこの保証の額を加えるものとします。保証人が私と貴行との取引について将来ほかに保証をした場合にも同様とします。
6. 保証人の一人に対する貴行による履行の請求は、私に対しても等しくその効力を生じるものであることを確認します。
7. 保証人は、私から財務収支の状況・他の債務の状況・担保の内容について十分に情報提供を受けており、これを理由としたいかなる異議も申し立てません。

第9条（成年後見人等の届出）
1. 私は、私または保証人について、家庭裁判所の審判により、補助・保佐・後見が開始された場合には、直ちに成年後見人等の氏名その他必要な事項を書面によって貴行に届け出ます。
2. 私は、私または保証人について、家庭裁判所の審判により、任意後見監督人の選任がされた場合には、直ちに任意後見人の氏名その他必要な事項を書面によって貴行に届け出ます。
3. 私は、私または保証人が、既に補助・保佐・後見開始の審判を受けている場合、または任意後見監督人の選任がされている場合にも、前2項と同様に書面によって貴行に届け出ます。
4. 私は、私または保証人について、前3項の届出事項に取消または変更等が生じた場合も、書面によって貴行に届け出ます。
5. 前4項の届出の前に生じた貴行の損害については、私の負担とします。

第7条（公正証書の作成）：作成義務

> 2. 本契約の資金使途が事業資金であり、かつ保証人が債務者である法人の取締役もしくは過半数保有株主たる立場に該当しないときは、保証意思確認のため、公正証書を作成します。これに要した費用は、私および保証人が連帯して負担します。

第8条（保証）：絶対効の維持

> 6. 保証人の一人に対する貴行による履行の請求は、私に対しても等しくその効力を生じるものであることを確認します。

第8条（保証）：情報提供義務

> 7. 保証人は、私から財務収支の状況・他の債務の状況・担保の内容について十分に情報提供を受けており、これを理由としたいかなる異議も申し立てません。

サンプル3 保証約定書

保　証　約　定　書

令和　　年　　月　　日

収入
印紙

株式会社近代銀行　御中　　住所

連帯保証人

住所

債務者

　　保証人は、債務者が貴行に対して負担する下記債務について、債務者と連帯して保証債務を負い、その
履行については、債務者が別に貴行と締結した銀行取引約定書（内容は裏面記載のとおり）および貴行と
締結または貴行に差し入れた　　　　　－　　　　（注1）契約書の各条項のほかにこの約定に従います。
　　連帯保証人は、貴行から「経営者保証に関するガイドラインについてのご説明」の交付及びその説明を
受け、内容を理解した上でこの契約書の各条項を承認し、その責めに任じます。

〔被保証債務〕保証人は、被保証債務を次のとおり確認します。(注2)

1．根保証	債務の内容 [該当番号を○で	1	銀行取引約定書第1条に規定する取引
		2	－　　　取引（注3）

第5条：保証意思宣明公正証書の適用除外

１．保証人は、次のいずれかに該当する場合は、確認書類の提出によっ
　　て表明し、かつ公正証書の作成によらず、保証の意思を宣明します。
　　イ．主たる債務者の取締役の地位にあること
　　ロ．主たる債務者の発行済株式数の過半数を有する者であること
　　ハ．主たる債務者と共同して事業を営む者であること
　　ニ．主たる債務者の法律上の配偶者であり、かつ事業に従事する者
　　　　であること
２．保証人は、上記の地位を喪失した後も、何らの手続きを取ることな
　　く、本保証書に定める極度額もしくは金額の範囲において、保証の
　　責に任じます。

約　定

第1条
　保証人は貴行の都合によって担保もしくは他の保証を変更、解除しても免責を主張しません。

第2条
　保証人は、債務者の貴行に対する預金、その他債権をもって相殺はしません。

第3条
　保証人が、保証債務を履行した場合、代位によって貴行から取得した権利は債務者と貴行との取引継続中は、貴行の同意がなければこれを行使しません。もし、貴行の請求があればその権利またはその順位を貴行に無償で譲渡します。

第4条
　①　保証人が債務者と貴行との取引についてほかに保証をしている場合には、その保証はこの保証契約の極度額によって変更されないものとし、また、ほかに限度の定めのある保証をしている場合には、その保証はこの保証契約の極度額を加えるものといたします。
　②　保証人が将来貴行に対しほかに保証した場合にも前項に準じて差し支えありません。
　③　債務者と貴行との取引について、ほかに保証している者がある場合もしくは将来保証する者がある場合においても、この保証はそれと独立して並存するものとします。

第5条
1.　保証人は、次のいずれかに該当する場合は、確認書類の提出によって表明し、かつ公正証書の作成によらず、保証の意思を宣明します。
　イ.　主たる債務者の取締役の地位にあること
　ロ.　主たる債務者の発行済株式数の過半数を有する者であること
　ハ.　主たる債務者と共同して事業を営む者であること
　ニ.　主たる債務者の法律上の配偶者であり、かつ事業に従事する者であること
2.　保証人は、上記の地位を喪失した後も、何らの手続きを取ることなく、本保証書に定める極度額もしくは金額の範囲において、保証の責に任じます。

第6条
1.　保証人は、主たる債務者から、財務収支の状況・他の債務の状況・担保の内容について、十分に情報提供を受けたことを確認します。
2.　保証人が貴行から、主たる債務者の履行状況その他の情報提供を受けようとするときは、書面にて必要とする情報を申し出ます。また、貴行からの回答の様式について異議を申し立てることはしないことを確認します。
3.　保証人が、本保証書に届け出る住所を変更した場合には、すみやかに通知します。また貴行が届け出住所に対して、本条項に係る情報を提供した場合は、保証人がこれを受領したものとみなすことを確認します。

第7条
　①　保証人について家庭裁判所の審判により、補助・保佐・後見が開始されたとき、もしくは任意後見監督人の選任がなされたとき、またはこれらの審判をすでに受けているときには、保証人または保証人の補助人、保佐人、後見人は、その旨を書面によって直ちに貴行に届け出るものとします。届出内容に変更または取消が生じた場合ににも同様とします。
　②　前項の届出の前に生じた貴行の損害については、保証人の負担とします。

第8条
　債務者は「保証人が死亡したことを知った場合には、直ちに貴行に届け出ます。この届出を遅延、または怠ることにより貴行に損害が生じた場合には、その損害は債務者が一切負担します。

第6条：情報提供義務

1.　保証人は、主たる債務者から、財務収支の状況・他の債務の状況・担保の内容について、十分に情報提供を受けたことを確認します。
2.　保証人が貴行から、主たる債務者の履行状況その他の情報提供を受けようとするときは、書面にて必要とする情報を申し出ます。また、貴行からの回答の様式について異議を申し立てることはしないことを確約します。
3.　保証人が、本保証書に届け出る住所を変更した場合には、すみやかに通知します。また貴行が届け出住所に対して、本条項に係る情報を提供した場合は、保証人がこれを受領したものとみなすことを確認します。

著者紹介

木内 清章（キウチ・セイショウ）

1985年早稲田大学商学部卒業。同年日本債券信用銀行入行。

2013年関東学院大学法学研究科修了、法学博士。

2005年より地域金融機関顧問、2015年より産業能率大学経営学部講師（いずれも現職）。

専門は信託法・民法。著書に『商事信託の組織と法理』など。

金融機関担当者のための
やさしくわかる 民法〈債権法・相続法〉改正

令和元年10月19日　初版発行
令和2年4月2日　第2刷

著　者───木内 清章
発行者───楠 真一郎
発行所───株式会社 近代セールス社
　　　　　〒165-0026
　　　　　東京都中野区新井 2-10-11　ヤシマ1804ビル 4階
　　　　　電　話（03）6866-7586
　　　　　FAX（03）6866-7596
装　丁───松田 陽
印刷・製本──株式会社アド・ティーエフ
編集担当──川﨑寛隆

©2019 Seisyo Kiuchi

本書の一部あるいは全部を無断で転写・複写あるいは転載することは、
法律で認められた場合を除き、著作権の侵害になります。

ISBN 978-4-7650-2159-3